40代から人生が好転する人、40代から人生が暗転する人

齋藤 孝

宝島社

40代から人生が好転する人、40代から人生が暗転する人

齋藤 孝

宝島社

はじめに

「働いている社会人」といえば、皆さんは何歳くらいの層をイメージするでしょうか。厚生労働省の調べでは、日本人労働者の平均年齢は43・7歳だといいますから、世にいう働き盛り世代とは主に40代を指すと考えて差し支えないでしょう。

この国の経済や文化を支えているとも言える40代という年代は、人の一生の中でもっとも大きなターニングポイントでもあります。

なにしろ、日本人の平均年齢（男性81歳、女性87歳）の約半分ですから、40歳とはちょうどその折り返し地点。言わば「2周目の人生」のはじまりということになります。

私が常々「もったいない」と考えるのは、せっかく2周目に入ってリスタートできる機会を得ているのに、1周目とまるで同じプランを深慮することなく続けてしまい、人生というレースを惰力で走り続けている40代や50代の方があまりに多いと感じるからです。

はじめに

40代とは、30代まで続けたマネジメントを再整理し、大きく転換できる重要な節目です。1周目で得た知識と経験を最大限にいかし、より充実した2周目を迎えるべき転換点なのです。本書は、その足がかりとして頂きたく筆を執った一冊になります。

人が一生をどう生きるかの普遍的な答えはありませんが、一つ確かなことが言えるとすれば、どのような精神文化を自分の中に打ち立て、それを育てていくかということです。

心の柱がアイデンティティとなって人生の軸となり、迷うことがあってもその原点へいったん立ち戻り、再検証してまた次の一歩へと進むことができるのです。

何を柱とするかはその人次第です。そのための模索を20代、30代と続けながら、「これだ」という決意で本気で打ち立てはじめるべき時期が、私は40代ではないかと思うのです。

私はいま60歳の還暦を少し過ぎたところですが、拙書『声に出して読みたい日本語』（草思社）を書いたのが２００１年、41歳のときでした。幸いなことに、これが多くの人に読んでいただく形となり、仕事の幅も広げていくことができました。

言わば〝40歳デビュー〟ともいえる私がその時期にしていたことは、30代までの自分を振り返り、その先に繋がる50代、60代へ向けてこれまでのルーティンを見直すことでした。これが今思えば還暦へ向けた人生の助走期間であり、心に種を蒔いていた時期だったのです。

まずは仕事への意識を、いわゆる「自己実現」のこだわりから「他者実現」へとシフトチェンジし、食生活を見直して自分の寿命とも向き合うようになりました。また、やったことがないチェロの演奏を習ってみたり、学生時代から本で読んだりしてきた仏教や禅、呼吸法などをあらためて本格的に学びなおし、生活にも取り入れて実践するようになりました。

その先に見据えていたのは、精神文化の柱を強固なものとし、「身体と心」を豊かにすることにあったのです。身で学び、心で学んで精神の柱を育てる「身心学道」は、道元禅師の唱えた概念です。

人生の折り返しを迎えた40代に求められることは、限られた残り半分の生きる時間を、精神の柱を打ち立てる作業に集中投下するということ。問題はそれが何であるかを模索して見つけ、意識をどう振り分けるかです。

40代で私が蒔いた種が、すべて芽生えて大樹になったとは言えませんが、私はそれでいいと思っています。チェロはいつしか弾かなくなってしまいましたが、演奏した手ごたえは今も身体と心に残っていますし、感性のどこかに染み込んでいると思っています。

禅や呼吸法は日々の生活に深く取り入れて、20年が過ぎて還暦を超えた今も自分を育ててくれています。

私はここ数年、仏教に関する書籍を比較的多く出していますが、その根源は学生時代に親鸞の言葉を学びはじめ、これを40代から本気で学びはじめたことからでした。40代で蒔いた種が今、芽を出して育ってくれているのだと感じています。

『論語』に次の有名な言葉があります。

「子曰《のたま》わく、吾《われ》十有《ゆう》五にして学に志す、三十にして立つ、四十にして惑わず、五十にして天命を知る、六十にして耳順《したが》う、七十にして心の欲する所に従えども、矩《のり》を踰《こ》えず」

15歳で学問を志し、30歳で学問の基礎を得て自立をし、40歳で迷うことがなくなり、50歳で天から与えられた使命を知り、60歳で他者の言葉に素直に耳を傾けられるようになり、70歳で思うままに行動しても規範から外れることがなくなった。孔子自身の人生の振り返りであり、また人のあるべき一生を示した言葉です。

30代で学び尽くし、不惑の40代を迎えていると胸を張れる人はそう多くはないでしょう。だとしても遅くはないのです。平均寿命が大きく伸びた今の日本で、40歳からの時間はまだまだ残されています。

40代ではじめる助走は、50代で遠くへ飛ぶために欠かせない準備の時間です。ひるまずに何にでも挑戦をし、合わないようならすっぱりとやめてみたって、それはそれでいいのです。

少なくとも心に種を蒔くことはでき、5年後や10年後に「あのとき蒔いておいてよかった」「助走しておいてよかった」と思えるときが来るかもしれません。

精神文化の柱を自分の中に打ち立てるには、自分なりの「型」を確立しておくことが必要です。「型」とは、その人にとっての生き方を様式化したフォーマットであり、

はじめに

自分だけのメソッドと言っていいでしょう。

私は40代のときに書いた本の中で、良書１００冊を読みとおす「読書力」をつけてほしいと提唱しました。月に2冊なら4年で達成できる数字です。それが心を豊かに耕し、50代に活かすことへ繋がるわけです。

であれば、「月に2冊を読む」ことを自身の「型」の一部として捉え、今日からはじめてみてほしいのです。

習慣やルーティンをより良くフォーマット化できれば、その「型」に日々の思考や行動を落とし込むことで、自己を高めていくことが必ずできます。習慣とは力であり、繰り返すことが完成へ近づきます。アリストテレスは「人は習慣により作られる。優れた結果は一時的な行動ではなく習慣から生まれる」という言葉を残しました。

40代で確かな「型」にたどり着くことで揺るぎない精神の柱が立ち、身心が豊かになり、50代や60代を充実した時間にしてくれるでしょう。

本書は、主に40代の方がご自身の「型」を見つけ、心を豊かに育てる手助けとなるべき方法や考え方を、私個人の経験を交えながら提案します。

日本人が古来、継承してきた身体と精神の文化の意味、40代に求められる読む力、書く力、考える力の大切さを、一つでも二つでも皆さんが取り入れ、それが心の糧となって精神の礎となってくれることを願っています。

平均寿命は80年、健康寿命は70年と少しです。人がその一生に与えられている総量時間は無限ではありません。

人生でもっとも輝いている40代というこの時期を大切に考え、10年後、20年後を見据えた一歩を今日、この瞬間から歩みはじめてください。

合言葉は、「学ぶ門には福来たる」です。

齋藤 孝

40代から人生が好転する人、40代から人生が暗転する人　目次

私の40代をふりかえる 36

第2章 40代という年代の課題とは何か

第3章 40代で人生を変える

第4章 40代で持つべき金銭とITのリテラシー

第5章 40代が持つべき思考習慣

話す力、思考する力を身につける

第6章 40代が持つべき感性

●スタッフ
構成…浮島聡
編集…小林大作、上尾茶子
装丁…藤牧朝子
本文デザイン&DTP…㈱ユニオンワークス

第1章

人生の大きな節目、40歳

40歳とはどんな年齢か

明治の40代には貫禄がある

私の父は大正生まれで、祖父母が明治の生まれです。今、あらためて父や祖父母の当時の写真を見返すと、現代の同年代の人たちと比べて10歳くらいは年齢が老けて見える気がします。

「老けて見える」という表現がもし適切でないなら、「貫禄がある」と言い換えてみましょう。むしろ大正や明治の人は、今の私たちから見て貫禄がありすぎるのです。

文豪・夏目漱石の生まれた年は明治維新より1年前の慶応3（1867）年です。その名を耳にすれば、堂々と髭を蓄えた風格漂うあの面持ちを思い出すはずです。しかし、彼が世を去ったのは49歳です。ということは、私たちが見ている漱石の写真は、それよりも若いはずです。それでもあの貫禄なのです。

また、文豪で言えば『浮雲』などで知られる二葉亭四迷も45歳で亡くなっています。お手元のスマホで今すぐ調べてもらえればわかりますが、眼鏡と髭が実に印象的な、

夏目漱石／アフロ

際立った貫禄の容貌です。現代の平均的な40代男性のルックスとはかけ離れていると言えます。

ちなみに、いまテレビに出ている方で40代といえば、たとえば小泉孝太郎さんが２０２４年に46歳、高橋一生さんが44歳を迎えるそうです。

お二方とも明治の時代にタイムスリップしたら、20代の若者と間違われてしまうかもしれません。もちろん、タレントさんとそうでない人を単純に比べることはできませんが、一般の人たちだけに絞って比べたとしても、現代人の見た目が若くなっているのは確かです。

そういえば、『サザエさん』に出てくる磯野浪平さんは、パッと見の雰囲気はお爺さんのようにも見えますが、昭和26（1951）年に朝日新聞で連載が開始された時点での年齢設定は54歳でした。2024年時点では、棋士の羽生善治さんや俳優の阿部サダヲさん、タレントの岡村隆史さんらと浪平さんは〝ダメ年〟ということになります。

ちなみに、妻のフネさんはフジテレビの公式サイトで「50ン歳」となっていました。ご高齢に見えてしまう2人ですが、当時としてはこれが一般的な50代の夫婦像だったということでしょう。

奈良時代の初老は40代

そもそも「初老」という言葉は、奈良時代は40歳ぐらいのことを指していたと言いますし、しかも昭和に入ってもその概念はまだ残っていたようです。

たとえば、昭和16（1941）年に発表された太宰治の短編小説『風の便り』には、40代という年齢を強調した次のような一説が出てきます。

「私は先日の手紙に於いて、自分の事を四十ちかい、四十ちかいと何度も言って、もはや初老のやや落ち附いた生活人のように形容していた筈でありましたが、はっきり申し上げると三十八歳、けれども私は初老どころか、昨今やっと文学のにおいを嗅《か》ぎはじめた少年に過ぎなかったのだという事を、いやになるほど、はっきり知らされました。」

また、昭和30（1955）年から読売新聞に連載され、翌31（1956）年に書籍化された石川達三のベストセラー小説『四十八歳の抵抗』では、損保会社に勤める48歳の主人公を初老の男性として描いています。

当時の一般的な定年は55歳でしたので、48歳の主人公は定年退職まであと7年の、いわば老境の一歩手前にいる頽齢期《たいれいき》の男であるということです。

その後、時代とともに日本人の寿命も伸び、「初老」という言葉に対する国民意識も変わりました。

NHK放送文化研究所が2010年に行った調査では、「初老という言い方は何歳くらいの人に対して使える言葉だと思いますか」との問いに対し、もっとも多かった答えが「60歳から」で42％を占めたそうです（2位が「50歳から」と「65歳から」でともに15％）。

それとともに寿命も延びました。厚労省が調べた平均寿命の年次推移をみると、昭和22（１９４７）年に50～54歳だった平均寿命は、令和４（２０２２）年には82～87歳となっています。日本人の寿命は75年で30年以上伸びた計算になります。

この平均寿命が伸びた背景には、医学の進歩や防疫対策の向上、公衆衛生の環境改善といったことが考えられるでしょう。

一方、「若く見える」というのはどういうことでしょうか。もちろん、老化の進み方には個人差がありますし、遺伝的な要素も大きいとは思いますが、社会制度や生活環境の変化も大きく関係しているように思えます。

食生活の変化や、美容への関心の高まりも、大きな要因でしょう。

小津映画に出てくる40代の未婚男

明治や大正の人が貫禄を持って見える別の理由として、昔は早い年齢で結婚する人が多かったというのも要因ではないでしょうか。

明治や大正の頃といえば、女性はおそらく20歳前後、男性なら25歳くらいであれば多くが結婚をしていたようですし、20代で所帯を持って、社会的な責任が大きくなれば、若くても顔つきや立ち居振る舞いは自ずと変わってくるものです。

さらに20代で子が生まれ、50代で孫ができ、夫婦ともどもお爺ちゃん、お婆ちゃんという立場になれば、存在感も増して人によっては老けてくることでしょう。となれば貫禄がついてくるのも当然かもしれません。

翻って令和の現代では、晩婚化や未婚化の進展で男も女も30代で独身という人はちっとも珍しくありません。内閣府の調査によると、「配偶者も恋人もいない」人の割合が全世代で男女ともに２割以上となっており、特に20代の女性の約５割、男性の約７割が独身でかつ交際している相手もいないとのことなのです。

昭和26（１９５１）年に公開された小津安二郎監督の『麦秋《ばくしゅう》』という映画作品では、原節子が演じる紀子という女性が、「28歳にもなって結婚しない」ことを、家族全員がやきもきするという状況が描かれています。

やがて、そんな紀子にも勤め先の専務さんの紹介で縁談話がやってきます。お相手は京大出身で紳士録にも載っている海外帰りのデキる社員。周囲は安堵するのですが、よくよく聞くと男性の年齢は数えで42歳（満40歳）。驚いた紀子の母は「それじゃ紀子がかわいそう」と困惑するのです。そんな母に向かい、笠智衆《りゅうちしゅう》が演じる紀子の兄・

康一は、「紀子だってもう若いとはいえない。こっちだってそう贅沢を言える身分じゃない」と憮然として説くのでした。

紀子は結局、兄の同僚の矢部という男と結婚することになるのですが、その際に紀子は兄嫁の史子に「ホント言うと、四十にもなって結婚もしないで1人でブラブラしている人って、あんまり信用できないの」と言うのです。

50代の独身世帯が珍しくない現代の価値観からすると隔世の感がありますが、昭和20（1945）年代ではこれが一般的な考え方でした。「28歳の女」「40歳の男」は社会的にそういう位置づけだったのです。

「人間五十年」から「人生百年時代」へ

このように、晩婚化が進んで中高年世代の一人暮らしが増え、いつしか40歳、50歳の人が昔の同世代より若く見られる時代になったわけです。

同じ40代でも昔より今のほうがはるかに若く見えるということは、言うならば、人生の中の若い時間が大幅に引き延ばされ、青春時代が伸びたというような話です。

織田信長が好んだ幸若舞《こうわかまい》の中で「人間五十年」という節が歌われて以来、その「人生」もどんどんと伸び続け、昨今では「人生百年時代」という表現も頻繁に使われています。

１００年はともかくとして、仮にこれを平均寿命であるところの80歳から90歳で考えた場合、40歳は人生の折り返し地点にあたると言えます。

とはいえ、80歳までの寿命をまっとうできる保証などありませんし、いつどんな形で死が訪れるかわかりません。仮に80歳まで生きられたとしても、健康体でいられる確証もありません。国が定義する「健康寿命」は男性が73歳、女性が75歳です（令和４《２０２２》年版厚生労働白書より）。

だからこそ、先を見通してある程度の準備をしておくことが、40代を迎える人たちには必要になってきます。その準備がこれからの人生を充実したものとし、寿命が延びたこの時代に対応できる生き方を作っていくことになると思うのです。

おじさんの境目は45歳

そもそも、人は何歳くらいから「老けて見える」あるいは「不機嫌そうに見られる」ようになるか、皆さんは考えたことがあるでしょうか。

というのも、私は仕事柄、よく講演会に呼んで頂くことがあり、企画やテーマによっては聴衆となる人の年齢層が偏ることもよくあります。

たとえば、あるテーマの講演では20歳から25歳くらいの人が３００人、また別の日では違うテーマで40歳後半の人が３００人といった具合です。

そういうことを年に何度も繰り返し、聴衆の皆さんを私なりに観察していると、女性はともかくとして、男性に関しては違いというものがわかってくるものなのです。その見方でいえば、どうやら45歳くらいから本格的な「中年」がはじまる人が多いと感じているのです。

20歳から35歳くらいの方が集まる場では「やっぱりフレッシュだな」と心から思いますし、40歳以下の方が多い場でも「まだまだ若いな」と感じます。これが45歳を過ぎると「うーん、やっぱりこのあたりからかな」という印象を確かに受けるのです。

もちろん、これは「わたくし調べ」の個人的な見解ですので、異論がある方もおられると思いますが、あくまで個人的な印象としては確かにそうなのです。

ちなみに、この45歳という年齢は、厚労省が定義する「壮年」と「中年」の境目だといいます。10代から見れば30代もおじさんかもしれませんが、通常の感覚では「おじさん」は重い感じを伴います。私の感覚では45歳くらいが「おじさん」の境目であるということなのです。

氷河期世代の40代

昭和において40代の会社員というと、公私において20代から成功や失敗を積み重ね、仕事も一回りを覚えて経験値が増し、比較的安定した社会的ポジションを得られているというイメージです。

一方、現代の「40代」という世代に共通するのは、あの就職氷河期を経て今に至るということです。２０００年代初め、当時の政権が非正規雇用の規制を大幅に緩和したことで日本の雇用環境は激変し、全国の就活生たちが厳しい現実に直面することになりました。

就職氷河期の定義はいろいろありますが、一般的にはバブル崩壊後の雇用環境が厳しかった10数年間、すなわち平成５（１９９３）年頃から平成16（２００４）年くらいに学校を卒業した人たちが「氷河期世代」と呼ばれ、２０２４年における年齢がおおむね40歳くらいから50代半ばの人たちを指すようです。本書の主な読者層である40代は丸ごとすっぽりハマっていることになります。

思い描いたコースにうまく乗れないままキャリアの節目である40代を迎え、今後の50代、60代へ向けて戦いながら日々を過ごしている方も少なくないことでしょう。

そう考えると、40代が「安定の世代」とばかりは必ずしも言えないかもしれません。そういう40代が、これからの自分の心の軸をどこに置いていくべきなのか、社会人としてのスキルをどう向上させ、ひいては一人の人間としてどのように教養を高めていくのか。

実は40代とは、他の世代と比べてより高い緊張感と強い覚悟を持って生きていかねばならないのかもしれません。

54歳の磯野浪平さんが定年まであと1年、といった時代とは違い、もはや定年は65歳から70歳へ伸びようとしています。となれば、令和の40歳にはまだ25年以上、四半世紀を超える勤め人としての時間が残されていることになります。

とはいえ、年数だけこなせば給与が上がる時代は終わりつつありますし、もとより非正規雇用であれば年功賃金も無縁の世界です。

今の立ち位置に見切りをつけて転職を考え、新たなキャリアデザインを描いて自己

厚生労働省が定義する6つのライフステージ

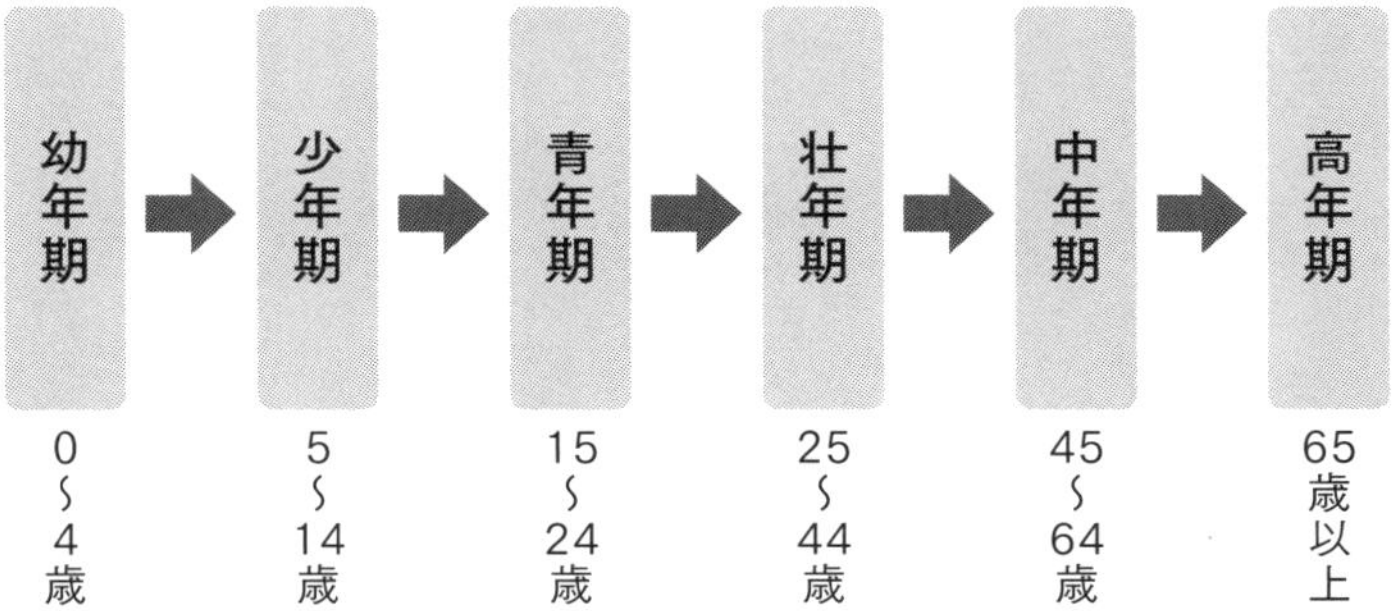

※厚生労働省「健康日本21」を元に本書作成

をアップデートしようと模索している人もいることでしょう。その可能性がまだ十分に残されているのが40代ということでもあります。

40代と60代は繋がっている

先述したとおり、40代は「壮年」と「中年」の境目世代だと言われることがあります。厚労省が策定している国民の健康増進のための基本方針では、年齢層に応じて幼年期（0〜4歳）、少年期（5〜14歳）、青年期（15歳〜24歳）、壮年期（25歳〜44歳）、中年期（45歳〜64歳）、高年期（65歳以上）と、人生を大きく6つのグループに分けて定義し、そのうえで人生の各段階の課題について次のように述べています。

「個人は各段階に応じた役割や課題を達成しながら、次の段階へと進み、『死』を区切りとするまでの、ひとつの人生の完成へと至る。むろん、これらの段階は各々が独立して存在するのではなく、前の段階が次の段階を生み出し支える。ある段階での生き方によっては、次の段階の内容は大きく変わる。」（厚生労働省「健康日本21」6章より）

今のあなたが40歳であれば、その40歳という時期が人生の中で独立して存在しているわけではないのです。20代、30代で積み重ねた時間が今の自分を作りあげ、さらにこの40代での生き方が50代、60代の人生を大きく変えていくことになるわけです。

江戸後期の儒学者で、佐久間象山や渡辺崋山らを育てた佐藤一斎《いっさい》は、『言志四録《げんししろく》』の中で次のように述べています。

「少《しょう》にして学べば、則《すなわ》ち壮《そう》にして為《な》すことあり。
壮にして学べば、則ち老いて衰《おとろ》えず。

老いて学べば、則ち死して朽《く》ちず。」

少年のときから学べば壮年になってそれが役に立ち、何かを為すことができる。壮年のときに学べば、老年になっても気持ちが衰えることがない。そして、老年になっても学び続ければ、教養も高まり、世の中のためにもなり、死んでからもその名は残る。

人が一生をかけて学び続けることの大事さを説いた佐藤の言葉です。西郷隆盛が座右の書として読んだことでも知られるこの『言志四録』。佐藤はおよそ40年間かけて書き上げたのですが、その書きはじめた年齢が、いみじくも42歳でした。

本書を手にした40代を迎える人たちが、これからどんな生活習慣でどんな本を読み、何を趣味にしてどれだけ極めるか、その積み重ねでこれからの人生が創られていくということだと思います。

ちなみに、この６つの区切りは厚労省が一応の基準として分けたものなので、必ずしもこれをそのまま自身の年齢に厳格に落とし込み、そこに縛られる必要はありません。

45歳や46歳になる皆さんが「自分はまだ中年になんてなってない！　壮年側の人間だ！」と主張されるのなら、それはそれで構わないわけです。

境目はあくまで参考程度に捉えつつ、大事なことは、生まれてから死ぬまでの生涯はいくつかの節目に区切ることができ、自分は今どのあたりにいて、これからどのあたりへ向かうのかというビジョンを持ちつつ、日々の暮らしを送るべきだということです。

私の40代をふりかえる

本がベストセラーになった41歳だったが……

私の個人の経験から40代という世代についてお話をさせていただくと、『声に出して読みたい日本語』（草思社）という本を出したのが2001年9月で、私がもうすぐ42歳になるという年齢のときでした。

これがおかげさまで、シリーズ260万部という形で多くの方に読んでいただくことができ、それからNHK Eテレの『にほんごであそぼ』という番組作りに携わるようになったり、民放の番組などにも呼んでいただいたり、さらに別の本を出したりといった流れができていきました。

実はこの時期、私は仕事に対する考え方をそれまでと大きく変えていきました。簡単にいうと、意識を「自己実現」から「他者実現」へ切り替えてみました。

それまでは、何よりも自分のやりたいことを第一に考え、その実現により達成感を得ることを良しとしていたのですが、やりたいことだけを選んでいると仕事の幅はどうしても広がりが出てこないのです。

それだけでなく、自分の思考や行動の類型も、ともすれば狭くなっていきがちで、「これはちょっと考え直したほうがいいな」と思いはじめた時期だったのです。そこからはとにかく来た仕事は基本的に全部を受けるという「来た球を打つスタイル」に舵を切り換えてみたのです。

オファーがあるということは、そのテーマにおいてひとまず自分は社会的な需要があるということです。好むと好まざるとにかかわらず、まずは受けてみるということ。

夏目漱石は、職業とは基本的に他人本位のものであると言っています。漱石が明治44（1911）年に兵庫県で行ったとされる講演が『道楽と職業』というタイトルで残されています。

「（略）己のためにするとか人のためにするとかいう見地からして職業を観察すると、職業というものは要するに人のためにするものだという事に、どうしても根本義《こんぽんぎ》を置かなければなりません。人のためにする結果が己のためになるのだから、元はどうしても他人本位である。」

自分を否定してまで嫌な仕事を無理にする必要はないにせよ、職業というものは原則的に他人本位なものである旨を、漱石は割り切った気持ちで、ここで述懐しているわけです。

来た仕事を受けてこなせば発注してくれた側も喜んでくれますし、要は他者実現を優先的に、仕事を回すようにしたわけです。

もちろん、厳密にいえば、他者のためにやることが回りまわって自己の実現につながるということでもありますので、自己を埋没させて働けということではありません。

要はこれまでの軸足を「自己」から「他者」に、やや大きめにズラしてみたということ。打者でいえば、バッターボックスでのスタンスをクローズからオープンにグイっと変えてみたといったところでしょうか。

実際、やってみると「つまらなそう」と感じていた仕事がけっこう楽しかったり、そこから思わぬ気づきが生まれたりと、仕事の幅とともに自分自身の幅も拡げていくことができたのです。それこそ打者でいえば、これまで引っ張り一辺倒だった打球が、センターや逆方向にもうまく飛ぶようになったという感覚です。

シフトチェンジした40代

こうして30代よりも忙しい生活が続くようになった40代の私ですが、45歳くらいを迎えたとき、今度は体が悲鳴をあげはじめました。

なにしろ、40代といえばただでさえ基礎代謝が落ちはじめ、生活習慣病が発生しやすくなる年代です。若い頃に比べて痩せにくく太りやすい体になっている中、運動も忙しくてできず、食生活にも無頓着だったのだから当然といえます。

50kg台だった細い身体が一気に20kg以上増えてしまい、太った影響であちこちが全部おかしくなりました。よく聞く「肥満は万病のもと」という言葉のとおりです。おかげで入院をする羽目になってしまいました。

年間50冊を超える本の執筆やテレビ・ラジオの出演、番組制作の打ち合わせ、大学の講義、全国での講演会などが重なり、今振り返っても当時の私は完全なワーカーホーリックだったと思います。

そこで、仕事の仕方や健康面を見直す形でいったん人生をリセットしたのです。まずは余裕のあるスケジュールに切り替えて、どうしてもできないことは翌日に回す。基本的に「他者実現」の考え方は残しつつ、極端に負荷の重い仕事はさすがに断り、空き時間も作って休みもとる。学生時代に覚えたストレッチや呼吸法もあらためて取り入れてみました。要は全方向で生き方のモードを切り替えてみたのです。

貝原益軒の『養生訓』から食を学ぶ

また、食生活も大幅に見直しました。食生活に関しては貝原益軒《かいはらえきけん》の『養生訓《ようじょうくん》』の影響も大きかったと思います。貝原は江戸時代の本草学者で儒学者でもあった人物ですが、食については現代人が学ぶべき多くのことを書物に残しています。

ポイントは食べる量と質です。『養生訓』では、同じ味のものばかり食べるのは良くないとしたうえで、甘いものを食べ過ぎるとお腹が張り、塩辛いものを食べ過ぎると血が乾き、苦いものを食べすぎると……という具合に、バランスよく食べることが必要だと説いています。たくさんの種類を少しずつ食べるという習慣が大切だということです。

一般のビジネスパーソンにも言えることですが、自分は「できる」と思っている人ほどびっしりと隙間なく仕事を入れてしまい、睡眠時間の減少やストレス過多で自律神経のバランスが崩れ、体を壊して結果的に能率が下がるということになりがちです。かくいう私もその一人でした。

国が行った年代別のメンタルヘルス調査では、職場で強いストレスを感じていると答えた人がもっとも多かったのが、40歳～49歳で87％にも達していたといいます（令和４《２０２２》年「厚労省労働安全衛生調査」より、次ページ図参照）。

結局のところ、40代というのは知識も経験も人間力もそれなりに備え、働く能力はそこそこある一方、ストレスも抱え気味で、働き過ぎると早くガタがきてしまうということ。例えるなら、プロ野球のピッチャーが肩や肘を壊してしまうのと似ています。

入団した頃は中４日でも平気で先発で投げられたのに、ある年齢から疲れが抜けな

仕事で強い不安や悩みを感じている人の世代別調査

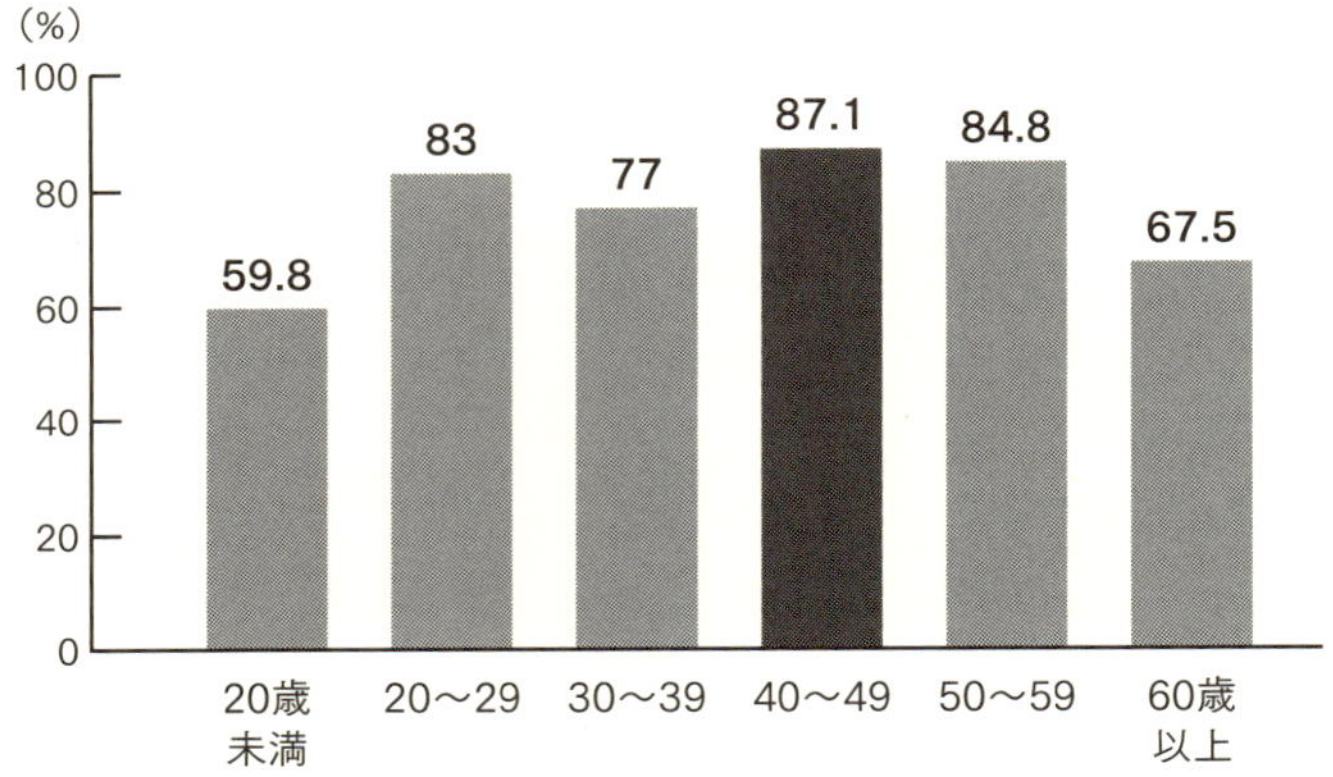

※令和4(2022)年厚労省「労働安全衛生調査の概況」をもとに本書作成

くなり、それでも無理して投げ続けているうちに故障してしまうという話はよく耳にします。少なくとも40代だった私自身、疲労の抜け方が30代とはあきらかに違うと当時も感じていました。それでも無理をしてしまったのです。過信でもありますし、自己分析を誤っていたといえます。

40代のときに20代、30代を振り返りつつ、心と体にしっかり向き合うことができれば、おそらく50代はいい流れで人生を送ることができるはずです。

逆に40代でその作業を疎かにし、若いころと同じ感覚で漫然と過ごしていきなり50代に突入すると、そこで壁にぶつかって壊れてしまうということがよくあるのです。

人生のモードチェンジを突然に求められても、そんなことはできるものではありません。やはり助走が必要なのです。

20代から30代、さらに40代、50代と、人生は常に経験の延長であり、現地点は次の地点への「助走」であるということ。その節目、節目でのリセット、すなわち見直しと修正が必要です。

人生を前半、中盤、後半で考えれば、40代は中盤のちょうど半ばあたり。宴会でいえば酔いが本格的にまわってきた「宴たけなわ」の真っ盛りです。見直しの大きな区切りのタイミングとして最適なのが、折り返し地点に当たる40歳から45歳くらいということになるのでしょう。

40代はサッカーのハーフタイム

40代を迎え、これまでの人生で自分が主に何に興味を持ち、そのためにどんなことに力を入れてきたのか、今の自分はどんな位置にいるのか。節目でそれを見直してみることはとても大切なことです。

ちなみに、就職活動では面接官が様々な角度から質問をしてくると思いますが、結局のところ企業サイドが確認したいことは、「その人がどんなことに情熱を持っているか」「そのために学生時代に何を実践してきたか」に集約されるという話を聞いたことがあります。現在40代である人であれば、面接官として就活生と対峙している人も多いと思います。

そういう意味では、40代という節目に自分が自分の面接官になり、自身の中で質疑応答をしながら矛盾点を固め、問題を整理していくという考え方でもいいかもしれません。

この「問題の整理」というところをもう少し紐解いていくと、「何を取捨選択するか」ということになるのだと思います。

つまり、30代までの自分がしてきたこと、こだわってきたことに、新たに「何を加え」そして「何を捨てるか」。要はその組み換えです。

要らないもの、邪魔だったものに対しては執着を捨てて切り離し、必要なもの、足りないものをアップデートする形で組み入れ、新陳代謝を図りながら新たな人生の戦い方を模索する。それこそが人生中盤にすべき正しいやり方だといえます。

これに少し似ているのが、スポーツの試合でのハーフタイムです。サッカーの試合をよく見ている方はお分かりかと思いますが、「前半あんなにやられていたのに、後半から急によくなった」という試合がけっこうあると思います。

たとえば、前半はポジションの立ち位置が低かった選手が、後半からその点を改善して上げてみる。あるいは、フォワードとミッドフィルダーの意図が合わないのなら、思い切って後半からはフォワードを別の選手に代えてみる。それが嚙み合うと、同じチームでも後半の動きは見違えるようによくなります。

そういう場合、よくなった理由は監督やコーチが正しい作戦の指示をしたからです（もちろん実際の試合がすべてそうだとは言いませんが、あくまで例えです）。

つまり、自分自身がいい監督やコーチになれば、50歳以降の後半人生が改善されるということです。私がよくイメージするのは、「自分の中の選手」をタイミングごとに何人か入れ代えてみるという考え方です。

飲酒は自然にやめられた

仮に自分の人生の中で「11人」がプレーしていると考えたとき、ハーフタイムで

「2、3人」を効果的に入れ代えるということ。重要なのはその「2、3人」を誰(何)にするかという判断です。

私の場合、40代で体調を崩したときにいろいろなことを見直したわけなのですが、まずはお酒を飲むのを止めてみました。それまでは誘われると断らずに飲みに行き、それが楽しくもあったのですが、あるときふと気づいたのです。自分は飲まないほうが実は楽なのではないかと。

大正生まれの父はお酒が強く、生前は晩酌でウイスキーを毎晩飲んでいまして、それを見ながら育った私も自分は酒が強いと勝手に思っていたのです。

しかし、飲んだ翌日は必ず眠気や倦怠感、疲労感が昼過ぎまでつきまとい、しかもそれを「昨夜は飲んだのだからあたりまえか」「そういうもんだ」と当然のこととして流し、そのまま何年も過ごしてきました。違和感をスルーしてきたのです。

そんな中、「あれ、自分は酒弱いのかな」「飲まないほうが快適なのでは」という考えがときどき浮かぶようになり、立ち止まって考えてみたのです。

よく考えたら勢いで飲んでいただけで、もともと家で晩酌をする習慣もなかった、思っているより自分は酒が好きなわけではないのかもしれない、はたして止められそうか？　うん、大丈夫そうだな——そんな〝ハーフタイム〟でのやり取りが、私の中であったわけなのです。

結果、いわゆる「断酒」といったような悲壮感も無く、拍子抜けするほど翌日からスッパリと止めることができました。気づかなかっただけで、飲酒そのものはもともとそんなに好きではなかったのでしょう。

今ではおつきあいで時には顔を出しますが、一杯の生ビールを一口、二口と口にしながら基本はウーロン茶を飲みつつ、会話を楽しんで良き時間を過ごすといったところです。

40代に訪れた人生のハーフタイムで「飲酒」という選手を交代させた結果、後半戦は身体的にとても楽になり、60歳を過ぎた今に至るということなのです。少しルーズな選手を下げて、手堅い選手を投入したという言い方でもいいかもしれません。

ついでに言えば、当時はラーメンも頻繁に食べていました。もちろん今もたまに食べはしますが、当時は豚骨系などのこってりしたラーメンを、飲んだ後にほぼ毎日食べていたという、今考えれば『養生訓』とは正反対の食生活をしていたわけですから、激太りして体を壊すのも当然です。

40歳から淡き水のような人間関係に

おもしろいもので、習慣というものは1つを変えると他の習慣にも波及します。たとえば、飲酒をやめると会食の数も激減しますので、人との関わり方も自然に変わってきます。人づき合いについては、幅広くをモットーにしている人もいるでしょうし、仕事上それが求められるという方もいるでしょう。

やり方は人それぞれですので一概には言えませんが、私の場合は回数や範囲がどちらかといえば抑え気味になっていきました。これは無理してそうしたというよりは、自然とそうなっていったという気がします。

荘子の『山木篇《やまきへん》』に「君子の交わりは淡きこと水の如し」という言葉が出てきます。徳のある人物の社交というものは、あたかも水のように淡泊なものであるが、その友情はいつまでも変わることがないという意味です。

反対は「小人の交わりは甘きこと醴《あまざけ》のごとし」。ベタベタした交わりは長続きしにくいものです。

50代のある知人は先日、大学時代の友達10人くらいと20数年ぶりに再開し、プチ同窓会のような時間を楽しんだそうなのですが、終わり際に誰かが「このメンバーでＬＩＮＥグループを作ろうよ」と提案したのだそうです。「やろう、やろう」と皆は盛り上がったそうなのですが、その彼はとたんに憂鬱になってしまいます。

たまにこうして会うから楽しいのであって、そこまでべったりの距離感は、彼にとっては正直しんどかったわけです。これは提案した人が悪いということではなく、距離感は人それぞれであるということです。

結局、場の空気を乱したくない彼はその場では同意し、適当に日数を置いてから「スマホを買い替えるからいったん落ちるね」と連絡して、そのままフェードアウトしていったと言っていました。

マラソンの折り返し地点

学生時代や卒業したばかりの20代の頃というのは、友人の数も概して多く、繋がりも濃厚で、何かあれば卒業後も集まるなどして、楽しい時間を小まめに共有できるところに素晴らしさがあります。

ただ、年を重ねるとその繋がり方が変わってくるのも自然なことです。理想的な人との関わり方は各人各様ですから、それぞれが自分に合った形を模索したいものです。

そういえば、私と同じ年の別の知人は、40代半ばの頃、「これからの人生は趣味に力を入れていきたい」と話していました。理由は定年後の人間関係を充実したものとするためだと言っていたと記憶しています。

会社での人間関係しか無い人が定年でリタイアし、気づけば周りに誰もいなくなっていたという話はよく聞きます。

そうなりたくないと考えたその人は、40代半ばくらいから趣味という自身の〝専門分野〟を固めておき、まずは自らがその世界を楽しみ、自身の内面を高め、老後はその領域を介して良質なコミュニティーを作っていきたいと考えたようです。

そういう声は、その人だけでなく何人かから聞いた記憶がありますので、同じような考えで40~50代に先を見越して行動している人はわりと多いのかもしれません。

そういう発想は20代という若い時期にはあまり出てこないもので、50代を目前に控え、60代がその先に見えてきた45歳前後だから浮かんできた発想なのでしょう。

マラソンでも、走り出したばかりのときに40㎞先の自分がどうなっているかを想像するのは難しいものです。

しかし、折り返しとなる20㎞地点のコーンを回ったあたりであれば、疲れ具合やコンディションが実感としてわかり、「この調子なら30㎞地点だと自分はこんな感じになっているかな。とすると35㎞は……」というように、リアルにその先を思い描くことができるでしょう。

将来の「出家」をイメージする

マラソンの20㎞地点でゴールがぼちぼち見えてくるということは、40代という年齢がリタイア期の自分をイメージしはじめるのに適した年代であるということです。むしろ、考えなければならない年代でしょう。

とはいえ、現在40歳であれば65歳は四半世紀後、70歳は30年後ですので、想像せよと言われてもなかなか難しいかもしれません。そこで、定年の節目を「出家」と捉えてみるとイメージがしやすくなるのではないでしょうか。

新卒の22歳で就職した人なら、70歳であれば約半世紀の時間を会社員として過ごすことになります。現代の若い人たちは、仕事も趣味も比較的うまく時間を使い分けていますので、昭和40（1965）年代のいわゆる「モーレツ社員」や、バブル期の「24時間働けますか」的な人は減っているとは思いますが、それでも半世紀の会社中心ともいえる時間は、人生そのものという表現も遠からずといったところではないでしょうか。

そういう人が会社の籍から離れてフリーな存在となり、言わば何者でもない一人のおじさんとして生きるわけですから、これは「出家」という表現も決して大袈裟ではないと思うのです。

実際、平安時代においても出家というのは、現代の私たちが考えるほどストイックな形ばかりでなく、わりと日常的に行われていた人生の選択の一つであったのです。

先日もたまたま『源氏物語』を読み返す機会があったのですが、藤壺や紫の上、秋《あき》好中宮《このむちゅうぐう》など多くの女性が、自分から「出家をしたい」と望んだり、実際に出家する場面が描かれています。

当時の貴族の女性の中には世俗を逃れるために進んで出家をする人が多く、仏道の修行というより、どちらかといえば遁世《とんせい》や隠遁《いんとん》といった意味が強かったと言います。

出家後も俗世の知人と連絡を取り合うなど、心の在り方もそれほど大きな違いがなかったという人が少なくありませんでした。

人生の節目にライフスタイルを再整理し、場を転換させて第2の生き方をスタートするのが出家であるならば、企業の定年はまさにそれであるといえます。

老後の自分を直感的にイメージできないという40代の方は、この「出家感覚」あるいは「プチ出家」といったところを想像してみてください。

仮に45歳で70歳の定年をイメージするなら、「25年後は〝出家〟するわけか。であるなら今後の5年でもう少しまじめに論語を学び、そのうえで……」といったように、人生のロードマップを描きながら、日々実践してみるというのが理想ではないでしょうか。

第2章

40代という年代の課題とは何か

人生の課題と公の心

「これだけは外せない」という人生の課題を

老後の自分をイメージしながら、人生において何が自分にとって大事なことなのか、「これだけは外せない」というものを常に頭のどこかに置いておくことは、40代以降を生きるうえでとても大事なことです。それがその人の今後の人生の柱であり、指針になるからです。

少し前ですが、卒業して何年か経ったある学生から、就職活動の面接でこんなことを聞かれたという話がありました。それは、「人生であなたがこれだけは外せないものを3つあげてください」という質問だったそうです。

そのときに学生がどう答えたかまでは覚えていないのですが、印象的だったのは彼がそのときに絞り出した3つの答えが、その後も彼の人生の道しるべに近い存在になっていたということです。

3つの答えは、その後は優先順位が入れ替わったり、答えが部分的に別のものになったりと上書きされながら、「迷ったときに自分を人生の座標軸に戻してくれる道しるべになっている」というのです。なるほどと思いました。

その「３つの答え」が彼を彼たらしめるアイデンティティなのであり、そのことを本人が自覚できてさえいれば、この先に何があってもそこに立ち戻ることで、人生を自分のものとして進めることができるということなのです。

今、本書を手に取っている40代の皆さんも、「これだけは」というものを３つ考えてみてください。難しく考える必要はありません。おかしいと思えば後で入れ替えればいいだけです。そのうえで、その３つを念頭に置いて日々を過ごしてみることで、自身の人生の流れを意識して確認できると思うのです。

アドラーの「３つのライフタスク」

心理学者のアルフレッド・アドラーは、人は誰もが目的をもって生きているとの前提のもと、どう生きれば幸せになれるかを考えて研究した人でした。

そのうえで、人生の課題とは突き詰めれば「対人関係」に集約されるとし、その関係を「仕事」「交友」「愛情」と３つの課題に分類しました。

そしてこれらを総称してライフタスク（人生の課題）と定義し、3つの課題にうまく対応できれば、人は良好な社会生活を送れると考えたのです。

3つの課題のひとつ、まず「仕事」は人が所属する集団をとおした社会との関わりです。大人であれば勤め先の会社、子どもであれば学校ということになるでしょう。定年後の人であればボランティア活動のコミュニティーや囲碁サークルといったことになるかもしれません。

次の「交友」は、自分以外の人と意志を疎通して互いに共感しあい、良好な関係のコミュニケーションを保つということです。人は誰もが誰かと関わりながら生きており、その関わりが円滑であれば社会も平穏です。

最後の「愛情」のタスクは、パートナーや家族との関わりということになります。アドラーの言う人生の3つの課題は大きな捉え方ですので、私たちは、もう少し具体的に3つ考えてみましょう。

「これだけは人生から外せない」という大事な柱を、40代の節目に自分の心の中に3つ立ち上げ、それを指針として50代、60代へ向けて生きてみるということです。

アドラーに関して言えば、そこに通底するのは3つすべてが「世の中のためになる」という概念であるということです。「仕事」の課題でいえば、働いて給料を上げて高い車を買うというところが究極なのではなく、充実した仕事をすることで社会に貢献するという意識を持つこと、一人ひとりの課題解決が世の中を向上させ、ひいてはそれが個人の幸せにもなるという考え方です。

松下幸之助の「公」の哲学と近江商人の「三方よし」

経営の神様と言われた松下幸之助は、人を雇うのは公事のためであるとし、次のような言葉を残しています。

「たくさんの人が働いている企業の中には、いろいろさまざまな職種がある。けれどもそのどれをとっても、一つとして私の仕事はない。みな、その企業が事業を通じて社会に貢献していくために必要なものである。その必要な仕事をやってもらうために人を雇い、人を使っているわけである。形の上では使う立場、使われる立場はあるけれども、あくまで私のためではなく、公のために人を使うのである」（『松下幸之助一日一話』ＰＨＰ総合研究所より）

この「商売と公益」の概念を江戸時代から提唱していたのが近江商人です。大坂商人や伊勢商人と並ぶ日本三大商人のひとつと呼ばれ、金儲けの商いを「商売道」とでもいうべき経営哲学にまで昇華させたことで知られています。

とりわけ、「売り手よし」「買い手よし」「世間よし」という「三方よし」の経営思想、すなわち自社の利益のみを追求することなく、社会全体に貢献できてこそ良き商いである、との理念は、今も多くの大手企業の経営指針に引き継がれています。

仕事が社会に与える影響を考えるということは、自分が世の中と繋がっていることをあらためて知ることでもあります。

「いったい何のために働いているのかわからない」と悩んでいる人もおられるかもしれませんが、自分の仕事が社会と繋《つな》がっていて、どこかで役に立っていると自覚できれば、自己肯定感も高まり、モチベーションも維持できるはずです。ひいては今後の業務をより良い方向へ導く改善点や、新たな取り組みを見つける気づきにも繋がっていくことでしょう。

公に生きた吉田松陰

武士が国を治めていた頃の日本は、この「公」の意識が今とは比較にならないほど強い時代でした。武士は自身が従事する公儀には私情を挟むということがありません。基本的に無私の精神で役目に仕え、そのうえで担当する業務が失敗した際には、場合によっては死をもってでも責任をとる。その公徳心の源となったのが「義、勇、仁、礼、誠、名誉、忠義」すなわち武士道という理念でした。

幕末の日本を描いた司馬遼太郎の小説『世に棲む日日』にこんなシーンがあります。少年期の吉田松陰は、長州藩士で松下村塾の創設者である叔父の玉木文之進から、このうえなくスパルタな教育方針で兵学を授かり、同時に武士道を叩きこまれます。ある日、農作業をしている文之進の傍らで、田んぼのあぜに腰をおろして朗読していた寅次郎（松陰の幼名）が何気なく頬を掻きました。それを見た文之進は「貴様、それでも侍の子か」と怒鳴るやいなや寅次郎を殴りまくったといいます。以下はそのときの文之進の言葉です（小説より引用）。

「痒みは私。掻くことは私の満足。それをゆるせば長じて人の世に出たとき私利私欲をはかる人間になる。だからなぐるのだ」

つまり、読書とは社会に役立つ自己を作る「公」の行為であるのに対し、類を掻くのは「私」の行為である、「公」の行為の最中《さなか》に「私」の満足を優先させるのでは、これから世に出たときに私利私欲をはかる人間に必ずなる、だから殴ったのだというわけです。

このエピソードには司馬の創作が入っていると思いますが、こうした文之進の日々の厳しい指導が、松陰が他者や社会全体への意識と責任感を学ぶ機会となったと考えられています。

もちろん、現代の価値観に照らして見てしまうと、文之進の行為は完全なる体罰行為で一発アウトなわけですが、武士道に沿って生きた当時の人々、とりわけ兵学者であった文之進にとっては、公という行動規範を身体に染み込ませるための彼なりの教育方針だったと考えられます。

夏目漱石は小説『こころ』の中で、明治天皇の崩御と乃木希典大将の殉死について触れ、これを「明治の精神」という言葉で登場人物に語らせています。

ちなみに乃木大将も長州の生まれで、10代の頃に松下村塾で文之進に師事した弟子の一人です。乃木神社では、玉木文之進もまつられています。

今の時代に体罰に基づく教育や殉死そのものを推奨するわけではありませんが、その時代の文化や思想を学ばずして、単純に現代の土俵で事の是非を論じても詮無きことなのです。

武士道とは公の志

いわゆる武士道については、佐賀藩士である山本常朝《やまもとじょうちょう》が武士としての思想を口述し、これを同じく藩士の田代陣基《たしろつらもと》が書き留めた『葉隠《はがくれ》』に、次のように残されています。

「武士道といふは、死ぬ事と見つけたり。（略）毎朝毎夕、改めては死に改めては死に、常住死身《じょうじゅうしにみ》になりて居る時は、武道に自由を得、一生越度《おちど》なく、家職を仕果すべきなり」

武士道とは死ぬことであると私は悟った、毎朝毎夕、心を正しては死を思い、死を決し、いつでも死ねる覚悟ができていれば、わが身が大事だとの心の束縛から解放されて自由になる——自分に対する執着を捨て、死を覚悟することで心が自由になり、生き生きと仕事に取り組めるという覚悟が語られています。

実際、松陰の短い生涯を振り返り、その生き方と死に方をつぶさに見れば、彼が「公」の理念で人生を貫き通したことがよくわかります。

個人の権利が尊ばれる現代では、「公」の大切さをあまりに語ると「全体主義」「権威主義」と批判されることもあります。大事なことは「私」の利益や権利のみを主張する社会では秩序は保てないということです。個のアイデンティティが押しつぶされない現代は素晴らしい時代ですが、一方で「公」と「私」はバランスが必要です。

他者への共感が薄い人たちの集まりは、成熟した共同体と言えません。実際、私たちが暮らす社会は公共性によって支えられていると言っても過言ではありません。「私」の意識が肥大化している人は、時々の瞬間的な感情や判断でものごとを進めていかなければなりませんが、「公」の比重が大きい人は、道徳観や倫理観といった普遍的な公共の概念に沿ってものごとを捉えることができます。

「公」というと抵抗がある場合は、「チーム」と言い換えることもできます。自分のチームのために何ができるか。チームのためにミッションを遂行するという感覚には、『少年ジャンプ』的な盛り上がりがあります。

先ほどの「人生においてこれだけは外せない課題」という大きな柱がミッション（使命）として自分の中心にあり、そのミッションに従って40歳以降を過ごすことができるのです。日々の気分に必要以上に左右されないため、心のブレが少なくなり、移ろいやすい個々の感情や気分を平穏に保つことができます。

吉田松陰が命を賭けてまで黒船での密航を企てたのは、「欧米列強に対抗できる日本国家をいかにして作るか」という、このうえなく「公」のミッションに基づいての行動でした（暗殺のためのという説もあります）。

松陰はその後、牢獄を転々とします。萩では文之進の志を引き継ぐ形で松下村塾を主宰し、教えを広め、そして安政６（１８５９）年に29歳で処刑されています。

斬首される前日の牢獄で、弟子へ向けた最後の言葉を『留魂録《りゅうこんろく》』として記し、これが多くの幕末の志士たちの心を打ち震わせました。死の瀬戸際まで「公」の真《まこと》を貫いた人生でした。

宗教を知る

公概念の究極は宗教

「公」のミッションとしてある意味、典型ともいえるものが宗教ではないでしょうか。世界三大宗教の一つとされるイスラム教が世界にこれほど広まったのは、信仰をとおした神への服従という究極の公徳心が根底にあるからです。

イスラム教徒は唯一神であるアッラーの教えに従って生き、礼拝や断食、巡礼などの「公」の義務をとおし、自らを成長させて神との絆を深めます。

こうした概念が幼いころから精神にすっぽりと収まっていると、日常の行動は原則的にすべてが「神の思し召し」に沿う形になり、そこからは個のブレというものが排除されます。

一方で、よく「日本人は無宗教」というフレーズを耳にします。文部科学省の関連研究機関である統計数理研究所が2018年に実施（2021年公開）した「日本人の国民性　第14次全国調査」によると「何らかの宗教を信仰している」と答えた人は

26%にとどまり、74%が「信じていない」と答えています。この数値は1950年代から微増・微減を繰り返しながら大きくは変わっていません。

日本では「宗教」と聞くと「カルト」のイメージがどうしてもつきまとい、特定の宗教に入り込んでいる人を揶揄《やゆ》したり、気味悪がる傾向があるようです。

しかし、本来の宗教の教えには、悠久の時の流れに耐えて今に伝わる深遠なる真理が散りばめられています。時代を超えた命題を提示し、人がこの世に存在する限り、100年も200年も考え続けられる奥深い力を持っています。

私はこの宗教の概念というものが、40代くらいからの生き方に特に重要になってくると考えています。10代、20代では見えてこなかった真理が、40代、50代から見えてくると思うのです。

人生において避けられない壁に突き当り、挫折感に打ちひしがれているとき、潰れそうな心を助けてくれるのは、時代に流されない普遍的な真理です。

真理といっても、絶対的というわけではなく、「たしかにそう」と自身が納得できるものであればいい。例えば、生きるのが辛い、もう何もしたくないと煩悶《はんもん》するとき、「一切皆苦《いっさいかいく》」すなわち「すべての存在は苦である」（人生は思い通りにならないもの）と知ることで、それをヒントに苦悩から抜け出す道を模索しはじめることができます。

「愚禿親鸞」は現代人の手本

鎌倉後期に書かれた『歎異抄《たんにしょう》』は、親鸞に師事した弟子が書き残したとされる仏教書で、作家の司馬遼太郎や評論家の吉本隆明、哲学者の西田幾多郎といった知の巨人たちに多大な影響を与えました。私も『図解 歎異抄』（ウェッジ）という本を出したことがありますし、今もことあるごとに読み返しています。

そこで他の人にも「仏教書を読んでみましょう」と勧めるのですが、「宗教は苦手」「難しそう」「今の自分にはまだ関係ない」と感じる人が少なくない印象です。

しかし、特段の知識や関心がなくても現代人が仏の言葉に触れるのは自然なことなのです。それを象徴する言葉のひとつが『歎異抄』の流罪記録のところに出てきます。

平安末期から鎌倉初期にかけて念仏の教えを広めた親鸞ですが、これが既存の宗教勢力から反感を買い、35歳のときに越後へ流罪となります。

このとき書き残したのが「愚禿親鸞《ぐとく》」という自身をへりくだった言葉です。「僧侶でもなければ俗人でもない」という、いわば中間地点に親鸞は自身の存在を置いたわけです。

この書を手にしているほとんどの方は僧籍を持ってるわけではないでしょうし、これから人生を賭して宗教を学び、無我の境地に達して開眼しようとまでは、おそらく考えていないでしょう。

では人生の悟りにまるで興味がないかというと、それもまた違うはず。誰もがみな、令和のこの俗世をもがいて生きながら、多かれ少なかれ、いかに透徹《とうてつ》した人生観を得られるかを模索し続けているわけです。つまり「僧侶でもなければ俗人でもない」という親鸞の言うポジションに私たちも自らの立ち位置を置いてみてはどうでしょうか。

誤解のないように申し上げると、私は特定の宗派に属していません。真言宗や臨済宗他いろいろな所から講演やインタビューを頼まれて、お話をしています。『声に出して読みたい新約聖書』なども書いているので全方位的な立場かもしれません。

日々、様々な苦労がふりかかる現実の中で、心を安らかな状態に導いてくれるのが宗教の教えです。永永無窮《えいえいむきゅう》の時の中で、多くの人の心を救い、現代の知識人にも影響を与えてきた仏教の言葉に触れてみて、40歳以降のこれからの精神のあり方として吸収していただきたいと思います。

今死んだら何を後悔するか

仏の教えを自分の人生に取り入れていくという考えは、おそらく20代の若いときより、酸《す》いも甘いも噛分けはじめる40代くらいからのほうが、心の奥に響いて届くはずです。

私も仏教に関する本については、『齋藤孝の仏教入門』（日本経済新聞社）や『声に出して読みたい親鸞』（草思社）、『仏教：心を軽くする智慧』（日本経済新聞社）など何冊も出してきましたし、特にここ数年はその比重が増えている気がします。

今こうして振り返ると、その準備ともいうべき仏教の学びを私自身がはじめたのが、いみじくも40歳前後の頃でした。

きっかけは、「もし今、このまま死んだら何を一番後悔するだろう」と考えてみたことがあったのです。先述したように、ちょうどその頃にワーカーホーリックになって働きすぎ、体調を崩してしまったことがありまして、人生で寿命を全うすることを当然と捉えていた考えを自然と見直すようになったのです。

「あぁ、そうだ。自分はいつ死ぬかわからないのか」というあたりまえの事実が頭に浮かんだとき、「もっとあれをやっておけばよかった！」と後悔するものはなんであろうかと考えてみたわけです。そのとき浮かんだのが仏教でした。

日本人である自分が、日本人の思想の源泉たる仏教について薄い知識しかないというのは、いかなることであろうか。学生時代から関連本はいくつも読んできましたが、これだけではいかにも浅い。仏教思想の根源はさらに約２５００年前のインドにまでさかのぼります。そこまで含めて学んでみようと、40歳前後の私は考えたわけです。

とはいえ、日々の仕事もありますし、費やせる時間も限られています。まずは本をいくつか取り寄せ、仏陀の言葉や仏典に馴染んでいきながら、少しずつでいいので知識の層を重ねていけばいいいと考えました。いわばペンキの塗り替えのような感覚です。

これは読者の方にもお勧めしたいのですが、大志を抱いて「よし、学ぶぞ！」と固い決意を持った人ほど、最初から高いハードルを掲げてしまい、分厚い本を前にして挫折してしまいがちです。忙しい現代人ならなおさらです。

ペンキを塗り重ねるように知を重ねる

ペンキを何層も塗り替えるように、「よし、まずこれを読んだ」「次はこれだ」という具合に「上塗り勉強」をしていくと、最初のうちはまばらで見栄えがよくなくても、やがて満遍なく色が塗り固められていき、塗料の層も厚みを増し、美しい仕上がりになっていくものです。塵も積もれば山となる、の言葉のとおりです。

ちなみにですが、この「塵も積もれば――」の由来は、インドの仏教書である『大《だい》智度論《ちどろん》』に記されている「譬如積微塵成山、難可得移動」（微塵も積もれば山と成り移動できなくなる）です。そういうことも一つひとつ理解しながら、時間とともにメンタルに馴染んできます。

私はこの〝ペンキの上塗り〟を20数年かけて続け、自分なりに仏教の思想を心の中に落とし込むことができたと思っています。思想や概念を心に染み込ませるには時間も必要なのです。

この「心に馴染ませる」あるいは「染み込ませる」という感覚が実はとても大事です。単に情報として大脳皮質にインプットするというだけでなく、心の中に落とし込んで本当の意味で理解する、すなわち「腑に落ちる＝わかる」ということ。「理解する」と「わかる」は同じではないということです。

情報を仕入れて長期記憶にすることが目的なら、新書3冊を読めば主だった知識は頭に入ります。しかし、これを文化として継承していくとなると、心に馴染ませることが必要ですし、それにはある程度の時間も必要になってくるのです。

私の知人で、若い頃からお寺で修行をし、それこそ本気で仏道を学んでいる人が一人いるのですが、何十年も修練を重ねているだけあり、まずは佇まいが私たちとはまるで違います。

座っているだけで慈悲や哀憐の情を体現しているように感じますし、俗世のキレやすい現代人のように瞬間的に怒ったりなどまずありません。その人を見るたび、仏教の概念が本当の意味で身につくとはこういうことかと思わされるのです。

「捨てる」を知れば楽になる

翻って20年の〝上塗り〟を続けた私ですが、その方の次元まで仏の思想を体現できているとは言わないまでも、「捨てる」という感覚がかなり染みついていることを、日々の暮らしの中で実感しています。

仏陀は、人が心を苦しめる要因は外から来るのではなく、一人ひとりの心の中にある「執着」という煩悩であるという意味のことを言っています。

実際、日常生活の中で何らかのストレスを感じたり、望まない展開に遭遇したりするとき、常に「捨てる」という感覚をイメージできていると、心の在り方は大きく変わってきます。

仏陀のレベルで悟れるようにはなれないまでも、意識の中で「心に今あるこの不安は、こういった執着があるからなんだな」ということが自覚できていると、「では、その執着を捨ててみよう」という思考のプロセスを、拙《つたな》いながらも踏めるようになります。これが実に大きいことなのです。

仏教とは真理を覚《さと》る思想であり、その思想にもとづいて自己の精神を平《たい》らかにコントロールするというのが基本です。「これが無くても生きていけそうだな、無くてもいいや、では捨ててみよう」という思考を経て人生を落ちかせるということ。この思考のプロセスを仏陀の言葉とセットで覚えるのが「仏教を学ぶ」ということです。

インド哲学者で仏教学者の東京大学名誉教授、中村元《はじめ》先生が翻訳した『ブッダのことば――スッタニパータ』と『ブッダの 真理のことば 感興のことば』（ともに岩波文庫）は、まさにその指針となるべきものです。

私は今もこの2冊をことあるごとに開き、日常で感じたことを仏陀の言葉に照らしながら、自分の言葉に編みなおしてみるということを習慣として続けています。

たとえば、仏陀は「犀《さい》の角のようにただ独り歩め」と言っています。群れずに単独で行動する動物であるサイのように、人間も一人で道を切り開いていけということ。「孤独」の大切さを説いている言葉で、令和の今を生きるすべての人にもあてはまる考え方です。

仏教を知る40代はカッコいい

40代の人が仏教を学ぶ大きな理由は、精神文化を継承し、自己の精神性を高めるためですが、メリットとして一つあるのが、シンプルに「かっこいい大人に見られる」というものがあります。

こういう言い方をすると「上っ面だけかよ」と誤解されそうですが、「かっこいい大人」というのは中身が伴うものですし、そういう大人が発する言葉には説得力が伴います。

たとえば、若い人が孤立して悩んでいるとき、ただ単に「まぁ、一人でがんばれや」「社会人なんてそんなもんだ」だけでは、若い心にはなかなか響きません。そんなとき、この「犀の角のようにただ独り歩め」といった言葉を用いながら語りかけてあげるというのは一つの方法かもしれません。

まず、犀の角という比喩が、仏教で孤独を意味するということを知っている20代は少ないでしょう。そのうえで、仏教が孤独を決して否定していない、なぜなら俗世の悩みとは総じて人間関係から生まれるということ、悩みの根源が人との縁や関りであるのならば、そこからいったん離れてみるのも悪いことではない――そんな風に話してあげれば、その言葉は20代の心に無理なく染み込んでいくのではないでしょうか。

このように、古典的な言葉や英邁《えいまい》なる思想を本当の意味で自分のものにするには、日常生活の中に取り入れることが大切なのです。

私が「かっこいい大人」と言った意味は、ただ言葉を知っている雑学人になろうということではなく、言葉を日常の中で自分のものとし、教養として身につけ、次の世代へも引き継いでいける人、という意味なのです。

実際、このようなことを毎日の生活の中で繰り返していくと、何年も経つうちにその人たちの心に馴染んでいき、精神文化を継承していくという形になっていくわけです。

教典を手元に持つことの意味

一般に精神文化の継承などと聞くと、なにやら雲を掴むような難しそうな話にも思われがちですが、実は教典となるものを手に直接持ってみるだけで、その継承はすではじまっているともいえます。キリスト教でいえば聖書がその典型で、手元に聖書が一冊あるというだけで心のありようが大きく違ってくるのです。

実際、15世紀の中頃までは、聖書は教会にだけある門外不出のもので、一般の信者が手に触れることなどできませんでした。

ルターが、聖書と個人が直接向き合う方向へと宗教改革を行ない、聖書を一般の人が読めるドイツ語に翻訳しました。

やがてドイツのヨハネス・グーテンベルクが活版印刷技術を発明し、羊皮紙や紙に印刷されて各家庭に聖書が広まり、やがて一人一冊という形で個々人の手に届きながら、イエスの精神文化が人の心に馴染んでいったわけです。

そう考えれば、私たちは仏教でも論語でも、直接「原典的な書」に容易に触れることができるわけです。先のインド哲学や仏教思想で言えば、中村元先生は日本人でありながらインドのデリー大学で講義をし、同大から名誉文学博士の称号を得るほどの方でした。世界中の研究者に影響を与える東洋思想の権威が訳した本を、わずか千数百円で手にすることができ、それで自己の精神の柱を築いていけるのですから、なんと恵まれている環境ではないでしょうか。

２００７年に公開された映画『最高の人生の見つけ方』では、余命6か月を宣告された２人の男が死ぬ前にやり残したことをリストアップし、それを実現する旅に２人が出るという物語が描かれています。

私は死を宣告されたわけではありませんが、体を壊したことで、今まで感じたことがないほどに死を現実的に意識し、そこで「仏教を学んでみる」をリストアップしたわけです。本書を手にとっている皆さんも、ぜひそれをやってみてください。そして、できれば仏教をそのリストの一つに加えてほしいと思います。

心も体も元気な40代のうちに仏教と自身のマッチングをしておけば、50代の頃にはかなり深く心に馴染んでいるはずです。ゆっくりでもいいので年月をかけ、ご自身の中に眠っている仏性《ぶっしょう》を目覚めさせてほしいと思います。

第3章

40代で
人生を変える

孤独と退屈を楽しめる40代

「ぼっち」だってかまわない

前章では「犀の角のようにただ独り歩め」という言葉をとおし、孤独の意味について触れてみました。実はこの「孤独」についても、これからの40代がしっかりと向き合うべきテーマであろうと思います。

人生の中で自分にとっての「孤独」の場を用意しておくことはとても有意義なことです。一人ぼっちでいることをネット用語で「ぼっち」などと言うようですが、「ぼっち」だって別にかまわないのです。むしろ積極的にスケジューリングをして、1日30分でもいいので「マイぼっちタイム」を設けてみてください。

私の場合、川辺のほとりで本を読むのが昔から好きで、静岡県の中学校に通っていた頃から、よく犬を連れて安倍川へ行っては、一人で本を読んだものです。これが至福の時間だったのです。

こうした時間というのは、仲間とワイワイ騒いで楽しむのと本質が異なり、自己の内面から満たされる一人だけで楽しめる時間です。特に私は、なぜか昔から川を見ると心が落ち着く習性があるようで、サラサラと流れる川の音と周囲の景色を見るだけで、心をすっぽりとその時間にはめ込むことができました。これはきっと、人それぞれの心象風景によって落ち着くポイントも違うのだろう思います。

残念ながら今の私の自宅の近くに川は流れていないのですが、ここ数年はカフェに一人で入るときが心を整える時間になっています。

仕事の帰りなどに良さそうなカフェがあると迷わず入り、そこで1時間くらいを過ごしながら、メモを見返したり、打ち合わせの内容を整理したりするのを常としています。カフェに入る前と後では心の状態があきらかに違っていますし、もちろん仕事も整理されています。私にとっては現代生活のオアシスと呼んでもいい空間なのです。

カフェ以外ではサウナも私は昔から大好きで、お金が無い若い頃も近くのサウナ施設の会員証を奮発して購入し、足しげく通ったものです。

今は若者の間でも大変に流行《はや》っているようで、２０２１年には「ととのう」が新語・流行語大賞にノミネートされています。最近ではサウナ漫画から派生した「サ道」という言葉も浸透しているようです。単独の時間で心を整えるという意味では、このサウナという空間もいいものでしょう。

40歳が近づいたら孤独を楽しめる大人になろうということです。一人の時間を楽しめる人は、喜びを自分で生み出せる人です。そもそも、孤独でいること自体が寂しいのではなく、「孤独感」が人の心を寂しくさせるのです。川辺で、一人で読書をすることは、別にネガティブなことでも、気の毒なことでもありません。

知り合いの編集者で、ある町で10年ほど田舎暮らしをした人がいるのですが、一人でお店などいると必ず「あれ、一人でどうしたの」「誰かを誘いなよ」「一人じゃ寂しいじゃん」と言われてしまい、暮らし心地はよかったものの、それだけは最後まで困ってしまったと言っていました。

東京では一人でお店に入り、食事をすることは普通でしたし、お酒を飲むときも立ち飲み屋などで静かに自分の時間を過ごすのが常だったそうですが、その地域では一人で喫茶店でご飯を食べたり、一人で映画を見たりする文化がほぼ無かったのだそうです。

そのたびに「いや、別に寂しくはないんだけどね……(笑)」と返していたそうですが、いつしか町民からは「彼はいつも一人でいる人」とカテゴライズされていたといます。

その町に住んだ10年あまりで「一人で寂しそう」と何十回言われたかわからないとのことでした。とはいえ、その町も住む人も今も大好きだそうで、仕事の都合で東京へ戻ったものの、今もほぼ毎年そこへ足を運んでいるとのこと。良いか悪いかではなく、文化と習慣が違ったということなのでしょう。

もし、その町の方に彼の心情を伝えるのならば、「孤独」を「単独」と置き換えてみると、ある程度は理解してもらえるのかもしれません。

どこへいくのも友達とつるんで行動するのではなく、40歳にもなったら基本は単独で行動をし、一人でいる時間を楽しめるのが大人というものです。一般にブレない自分を持っているという人は単独でいることがストレスになりませんし、むしろ楽しむことができます。

誰かとの繋がりがないと社会と関われない人は、依存と同じで自己肯定感をすり減らしていくことになりがちです。自分だけの軸で生きられないため、他者からの評価も必要以上に気にしてしまいます。

日常の中で他者とのコミュニケーションは何よりも大事ですが、最後は自己完結できる単独のメンタルを持ちつつ、40代からの日々を送りたいものです。

人がウサギを狩るのは退屈だから

孤独を楽しむ人というのは、退屈な時間を恐れない人でもあります。「退屈を恐れる」と聞いてピンと来ない方も多いかもしれませんが、17世紀のフランスの哲学者、ブレーズ・パスカルはそう考えた一人でした。

パスカルはウサギ狩りをする人を例にあげながら、「人は獲物が欲しいのではない。退屈から逃れたいから、気晴らしにしたいから、ひいては、みじめな人間の運命から眼をそらしたいから、狩りに行くのである」という意味の言葉を残しています（國分功一郎『暇と退屈の倫理学』新潮社より引用）。

退屈であっても慌てない、「何かしなきゃ」と焦ることなく、「こういう時間もあっていい」と泰然と受け止め、むしろ楽しむことができる心の余裕を多くの40代が身につければ、ストレスを溜めて心をすり減らす中高年はこの国から減っていくはずです。

私の知人はとにかく散歩が大好きで、少しでも陽が出ていると外に出て、行き先も決めずにぶらぶらと漂い歩くのだそうです。この「漂う」というユルい感覚がいいのではないでしょうか。

その際、頭に浮かんでくることを基本的に否定せず、そのまま受け止めて緩やかに思考するようにしているのだそうです。

たとえば、休日にボーっとしている中で仕事のことが浮かんだら、「せっかくの休みなのに仕事のことなんて……忘れろ、忘れろ」と打ち消す人もいると思いますが、浮かんでくるということは脳にだってきっと何か都合があるはずです。それはそれとして煩悩の一つとして受け止めながら、散歩中の景色を眺めつつぼんやりと考えるのだそうです。

「休みなのに仕事のことを考えてしまっている自分」を否定してストレスを感じるより、浮かんだものは浮かんだものとして受け止めるというのは、確かにおもしろい考え方なのではないでしょうか。

暇だったら散歩をする

事実、人の脳というのは、このようにぼんやりしているときに活性化する神経回路があり、これを「デフォルトモード・ネットワーク」（ＤＭＮ）と呼ぶそうです。

脳科学研究の第一人者である東北大学教授の川島隆太先生によれば、この働きが活性化しているときに、脳内では蓄積された情報の整理が行われ、これによりクリエイティブな発想が生まれやすくなることがわかっているのだそうです。豊かな発想を生むためには、ヒトの脳にも緊張と緩和、多忙と退屈の切り替えが必要なのでしょう。

従って、散歩中にボーっとしている中で仕事のことが浮かんだら、それが思いがけない創造性に富んだアイデアに転換していくことだってあるのです。電車に乗っているとき、カフェでぼんやりしているとき、突然「あっ、そうか」とひらめくのは、おそらくこのデフォルトモードが働いているからかもしれません。

だからといって「よし、ぼんやりして脳のDMNを活性化させるぞ！」と力んでしまっては、もはや「ぼんやり」の域から逸脱してしまっています。身心をガチガチに硬直させながら「のんびりするぞ！　ぼんやりするぞ！」とシュプレヒコールを上げてしまえば本末転倒です。座禅を組む前に興奮しながら「よっしゃ、これから悟るぞ！」と意気込んでしまうのと同じ過ちです。

大きめの深呼吸を何度かしてみて、気張りを捨てて心を自然にそこへもっていくこと。そうして考えると、のんびりと散歩や日向ぼっこをしたり、公園や川辺などでボーっとしたりしてみることは、第6章で後述するところの禅の悟りを開く行為と地続きにあると考えてもいいのかもしれません。実際、瞑想や座禅に集中できている人の脳を分析すると、デフォルトモード・ネットワークが活性化しているといいます。

つけ加えれば、散歩で日光を浴びるとビタミンDが活性化され、食事で摂取したカルシウムの吸収も促進されます。40代になると特に女性は骨がもろくなると言われますので、身体の健康維持のためにも散歩はお勧めしたい習慣です。

多忙でストレスを溜めがちな40代だからこそ、メリハリをつけた日常で退屈を楽しんでほしいと思います。

ペースダウンして新しいことを始める

ペースダウンと微調整

40代という世代は、これまで「いけいけドンドン」で一気に登り坂を駆け上がっていた時代から、ちょっと減速してペースダウンできるときでもあります。

ペースダウンといってもネガティブに捉える必要はなく、人の一生では必ず訪れる区切りの時であり、むしろ必要な節目でもあるのです。

ペースを落とすと、落ち着いて周囲を見渡せることができ、今まで見落としてきたことに気づくことが多くなります。車を運転しているときよりも、歩いているときのほうが周囲は確認しやすくなるものです。

自分の人生とは無縁だと決めつけていたものが、触れてみると意外なほど琴線に触れ、それが40歳、50歳以降の人生をより豊かにしてくれることがよくあるのです。

逆に20代の頃に大好きだったことへの興味が徐々に薄れ、40歳になるときには自分の人生から離れていくということもままあります。

なぜなら、「人は変わる」からです。どんな人も昨日の自分と今日の自分は同じではありませんし、ましてや20代と40代では、どちらも「自分」ではありながら、同じではないのです。

仏教で言う「諸行無常」とは、世のすべての現象は変化し、うつろいゆくことを教えています。すべての存在は「因」と「縁」が合わさった一時的な存在であり、不変ではありません。鴨長明が書いた『方丈記』の冒頭、「ゆく河の流れは絶えずして、しかももとの水にあらず。淀みに浮かぶうたかたは、かつ消えかつ結びて、久しくとどまりたるためしなし」はあまりにも有名です。

ギリシャでは哲学者ヘラクレイトスが、「パンタレイ」（万物は流転する）との言葉を用い、万物が一時たりとも同じ状態にないと説きました。ヘラクレイトスは「同じ川に二度入ることはできない」とも言ったとされています。

変化とは人の成長でもあり、自身の状態が変わることで幅も広がります。かつて目に入らなかったことが入るようになり、今まで無かった世界観が自分の中に芽生えるのです。

チェロを学んだ私の40代

私の場合で言うと、40代から50代にさしかかった頃、チェロをはじめてみたことがありました。昔から楽器を弾ける人に憧れはあったのですが、なかなか手を出すまでには至りませんでした。

そこを「やってみよう！」と思えたのは、もしかしたら私が40歳を終えて、無意識のうちに〝ペースダウン〟という微調整をしていたのかもしれません。

具体的には音大の学生さんに講師として来ていただき、マンツーマンで教わったのですが、未知の世界に心が触れる時間は、やはり新鮮で格別なものがありました。
結果、とんでもなく上手に弾けるようにはなりませんでしたが、それでも一応は楽譜を読んで、簡単な曲でも弾けるというのは、自分の中で新しい喜びでした。先生には、「楽譜が読めるのはすばらしい」とほめられ、小学校の音楽の時間に感謝しました。

私の場合は、演奏にあたってはとにかく小指が痛くて往生したわけなのですが、これとても「なるほど、チェロをガチでやると小指がこんなにも痛いのか」ということが肌身でわかり、やってみる前との意識が大きく変わりました。体験で得るリアルな感覚に勝るものはありません。

また、必ずしも「新しい挑戦」にこだわる必要もなく、むしろ過去に学んだものを再び学び直してみるというのも、40代という年代はいい時期ではないかと思います。

学校を卒業して社会に出た後に、必要に応じて再び教育を受けて学びを繰り返すことを、最近では「リカレント教育」と呼んで国も推奨しているようです。

背景には日本人の平均寿命の延びが大きくかかわっていますが、これは何も定年後の60代、70代以降の人たちだけに向けたことではなく、むしろ「リタイア後の学びなおしに向けた40代くらいからの取り組み」として捉えたほうが、私はむしろ望ましいと思っています。

いわば、学びなおしの助走期間のようなものです。どんな競技でもスポーツでは助走をつけたほうがいい記録が生まれます。昔のオリンピックには「立ち幅跳び」という競技があり、全身の反動だけでどれだけ跳べるかを競いましたが、助走をつけた走り幅跳びのほうが何倍も遠くへ飛べるということは言うまでもないことです。

40代で試しにやってみて、ピンと来なければやめたっていいのです。少なくとも心に種を蒔くことはできたわけですから、これが10年後、20年後に思わぬタイミングで芽を出すこともあるでしょう。きっとそのとき、「あのとき種を蒔いてよかった」「助走しておいてよかった」と実感できるはずです。

若い人から教わることの大切さ

私の場合、音大の学生さんからチェロを教わったわけですが、この「自分よりも若い世代から教えを乞う」ということにも大きな意味があると思っています。

実際、若い人たちの考えには、自分たち世代にはない良い点や学ぶべきことがたくさんあるものです。

株式会社リクルートが2018年に行った調査では、「若者から積極的に学ぼうとしている」と考えている大人は約2割にとどまったといいます。

自分が40代であろうと何歳であろうと、大学の教授だろうとテレビに出ていようと、楽器を弾くという点において音大の学生さんに逆立ちしても勝てません。

特に会社で若い部下などに「教え慣れ」してしまい、教わる機会がなくなっているような世代にとって、凝り固まった頭を柔らかに解きほぐすという意味では、「若い世代に教えてもらう」という行為は是非ともお勧めしたいところです。

教えてばかりで自分の価値観を押しつけ続けている人は、概して言葉で丁寧に伝えることをしない非言語タイプの人になりがちで、他者に対する共感能力も低くなってしまいがちです。これは、子育てに悩む親御さんが、「親が子から学ぶことがある」と気づくこと、あるいは教師が生徒から教わることの大切さを知ることにも似ています。「負うた子に教えられて浅瀬を渡る」とは、自分より未熟とされる者、拙いとされる者に教えられることのたとえです。

50歳になっても60歳になっても、若い世代から学ぶことを抵抗なくできる感覚を保つには、やはり40代からの心の取り組みが、ある種の助走として必要になってくるのだと思うのです。

そうしてみると、人生で何かに取り組むには、必ず「助走」という準備期間が必要であることがわかります。人生百年時代、40代という世代は老後へ向けた助走期間としてもっとも適した、かつ重要な節目といっていいのかもしれません。

雑談力を磨いてみる

本来、人が変わるためには変化を恐れない自信が必要で、自信がないから変化の機会から逃げてしまうということがあります。無理にでもやってみれば人は自ずと変わりますし、変わることで自信もつきます。この自信がまた助走となって次の挑戦へとつながるのです。

心理的な障壁を「えいやっ！」っと勢いで乗り越えてしまえば、あとは進んでいけるもの。何でもやってみるとそれなりに楽しく、奥深い世界であることを実感できるはずですので、いわゆる食わず嫌いのことが減っていき、逆に「よっしゃ、次はこれをやってみるか」と考えるのが普通になってくるのです。

40代になって新しいことを初めてみるというのは、自分の「好き」や「得意」を増やしていくということで、野球でいえばピッチャーが新しい球種を増やしていくのに少し似ています。

若くて勢いがある頃は真っすぐとカーブの2種類で勝ち星を重ねていた剛腕派の投手が、ベテランの域になってから変化球を2つ、3つと増やし、軟投派に変わっていくというケースがよくありました。

また、「新しいことをはじめる」というと、一般には「俳句をやってみる」とか「テニススクールに通う」といった趣味の世界が浮かびます。かくいう私も元卓球中国チャンピオンのコーチから教わっているわけですが、たとえば「人づきあいが上手になる」といった人間力を高める挑戦であってもいいわけです。

「自分は人との付き合い方が苦手である」と決めつけて、これからの10年や20年を生きるのではなく、一定期間をかけて何かを試してみることで、変わることがあるかもしれません。

「自分はなぜ他者とのコミュニケートが不得手なのか」と考えてみて、たとえば「そうか、まず雑談が苦手かもしれない。これからは雑談力を改善していこう」と気づけば、そこを強化していこうという思い切った考えがあってもいいはずです。

しかし、「雑談のコツ」なんて学校でも会社でも教えてくれません。ということは、各自が自分で考えるしかないこともあるわけです。実際、そういうことで悩んでいる社会人は実社会にたくさんいます。

「どうしたら雑談がうまくなるだろう、そもそも雑談って何なのか、業務上のディベートと雑談って何が違うのかな」と整理していくことからはじめてみます。

そのうちに「軽い話題をえらぶ」「相手のすきなものの話をする」「まず相手の言い分を否定しない」「自分の話より、相手の話を優先して聞く」「目を見て頷く」「相手が笑ったら自分も笑う」「なにしろ反応する」といったように、キーワードがいくつか浮かんできます。

それらをまとめて「よし、これから一週間、このポイントを意識して人と話してみよう」という形でミッションを立て、とりあえず取り組んでみるのです。

以前、お仕事をご一緒したあるテレビ局のスタッフさんからお聞きしたのですが、近所の居酒屋で常連さんと話をする際、常に心がけているのが「まず聞く」「否定しない」「感想を述べる」の３つなのだそうです。

ポイントは相手が多少なりとも酔っているということ。シラフではないのでどうしても話が冗長になりがちですし、仕事上の話ではないので、そもそも完全に意見が合致する必要もないのです。まずは聞いてあげたうえで、仮に同意できなくても「なるほどね」と受け止める。

そのうえで「たしかに○○ということはあるよね。わかる。その上でね、一部ではこういう意見も……」という具合に、仮に他の意見を言う場合でも一回は受け入れてあげるのだそうです。基本的に反論はしない。

聞き終わったあとも「ふーん、そうなんだ」で終わらせず、簡単でいいので自分の意見を「まとめ」としてコメントしてあげると、だらだらしがちな飲み屋さんの会話がそれなりに締り、相手も「聞いてもらっている」感が増すのだそうです。

そう考えると、雑談というのは場の空気を読む力と肯定的な関係のつくり方が大事ということがおわかりになると思います。

相手の言葉を受け入れる

他者との関わり方に苦手意識がある人の中には、「自分は人に苦言を呈したり、逆に褒めたりするのが得意ではないかも……」と思っている人もいるでしょう。

特に40代前後の中間管理職の方であれば、上と下の板挟みになる中、いかにうまく部下の業務を褒めてあげたり、問題点を指摘してあげたりしながら、担当部署の成果を効果的に上げていこうかと悪戦苦闘しているのではないでしょうか。

そんなとき、「なんでもいいから最初はまず、ポジティブなコメントでいってみるか」という作戦に出てみます。ただ、あまりにしらじらしい言い方では変な空気が生まれそうです。「君は頭がいいね！」「なんか、すごいね！」というだけでは言葉にも力がありません。

そこで「総合的な判断力があるね」という言い方にしてみると、説得力もあって相手に響きそうですし、いろいろな場面で使えそうなフレーズであることがわかります。

また、褒めるには自分と相手との関係性や距離感を正しく理解する必要がありますし、そうなると相手がどんな人であるかをより深く知る必要があることもわかってきます。

なにより褒めるには語彙力が必要であり、褒める側にも知的な要素が求められます。となると「もうちょっと本を読んで語彙を増やそう」という気にもなるわけです。

そのうえで、そのポジティブな言葉の後に「そういえば、この前の……」と問題点も正確に指摘してあげて、その後にフォローする形で「そうはいっても君は頑張ってる。これからも……」と、これまたポジティブな形で締めてあげるわけです。

すなわち「ポジティブ+苦言+ポジティブ」のサンドイッチ法則です。仮にこれがうまくいくようであれば、次からこれを応用し、さらにアップデートを加えながら、もっといい褒め方を「技」として会得できるかもしれません。

いずれにしても、思考錯誤してみることが大事です。最初は考えてみること、そして実践してみて結果を受け止め、そこでまた新たに考えるということです。

〝マイ・チャレンジキャンペーン期間〟を設ける

40代におけるこのわずか一週間（もちろん一か月でも一年でもいいですが）の成果が、場合によってはこれからの人生を変えるかもしれません。無理にでも何かを能動的にやってみることで、それが老後の自分の人生を豊かにしてくれるのです。

ある民間企業が各世代を対象に行った「2024年に挑戦したいこと」調査によると、新しい挑戦に対して、ためらいや緊張が「ある」「どちらかといえばある」と答えた人が約８割に達したそうです。多くの人が何か新しい一歩を踏み出したいと考えている一方で、何かしらの心の壁も感じているようなのです。

ということは、本書を手に取っている皆さんが今、新しい挑戦にためらいを持っているとしても、「不安なのは自分だけじゃない。みんなもそうなのかな」と自分に優しく受け止めてみてください。

そのうえで〝マイ・チャレンジキャンペーン期間〟を設けて関連する一通りのことを実践してみる。その試みをおもしろがってみることが何より大事です。

そのうちのどれが将来、自分の役に立つのかはその時点ではわかりませんが、可能性を開く種を蒔いておくことはできるはずです。

人は年代によって役割が変わる

20代と40代は役割が変わる

どんな職業でも、年代によって求められる内容は変わってきます。特に40代というのは人生の節目として大きな意味を持つと思います。

私は仕事柄、テレビの番組に呼んでいただくことがあり、スタッフさんやアナウンサーの方と打ち合わせをすることもよくあります。世間でもよく言われることですが、アナウンサーの世界というのは20代と40代では立ち位置が変わってきます。

中には所属する局を辞して別の事務所へ移る方も出てきますし、社に残った場合でも画面に出る機会が徐々に減ったり、業務内容が部下のマネジメント系へ移行したりと、仕事の比重も様々に変化していったりします。

このようなときに、自己評価をネガティブに捉えるのではなく、年齢の変化とともにその役割分担を受け止めながら、自ら構えを変えて対応し、組織に貢献していくことが望ましいと思っています。

40歳の長谷部誠さんはなぜ評価が高いのか

サッカー界で長らく活躍してきた長谷部誠さんが、遂に2024／25年シーズン限りで現役を引退すると発表しました。まさに40歳の節目でした。

彼がなぜ世界中のサッカー関係者から高く評価されているのか。もちろんそれは、高い戦術理解力と並外れたリーダーシップにあるのは当然ですが、加えて年齢によっ

長谷部誠選手／アフロ

てプレースタイルを変えながら、その時々で求められるオファーにしっかりと適応してきたからだと思うのです。

長谷部さんは２０２４年５月の会見で、自身のサッカー人生を大きく分けて３つのフェーズがあったと語っています。

１つ目はプロのキャリアをスタートさせた浦和レッズ時代、２つ目はドイツに渡った２００８年から、ロシアＷ杯まで日本代表でプレーした２０１８年、３つ目は日本代表を引退し、所属クラブのフランクフルトでの引退までの日々です。

この間、長谷部さんのプレースタイルは常に変化と対応を続けました。浦和時代の攻撃的中盤の選手から、ドイツではボランチャリベロに自らの役割を変え、加えてチームのキャプテンとしてもその能力をいかんなく発揮させました。自己の特性を活かして年齢に対応し、何よりも最大目的であるチームを強くすることに貢献しました。

また、バロンドール（世界年間最優秀選手賞）を7度も受賞した世界最高峰のプレイヤー、アルゼンチンのリオネル・メッシも加齢とともにプレーの形を変えてきました。初めてバロンドールを受賞した頃は、誰もが真似できない圧倒的なドリブル突破力と華麗なる左足コントロールシュートが代名詞でしたし、プレーエリアもゴール寄りのサイドでパスを待つのが常でした。「メッシの守備なんてみたことない」と言う人は多いと思います。

しかし、近年は中盤まで下がってボールを受け取り、ゲームを組み立てることが多くなりましたし、自分で決めるだけでなく、ＤＦを自分に引きつけて他の選手にパスを出す形が多く見られるようになりました。

メッシ自身が２０１８年頃のインタビューで「ここ数年はポジションが数メートルくらい下がっている。以前より後方からゴールを狙うようになった」という趣旨の発言をしています。メッシでさえ5年先の自分を見据え、フィジカルの変化を受け入れながらプレースタイルを変えていたわけです。

大局観で自己の人生を見渡す

人生で壁にぶつかり、限界が見えはじめたとき、全体を俯瞰しながら自分はこれから何で勝負をすべきなのか、価値をどこに置き換えるべきなのか、それを深く考えるということ。これは大局観という概念です。

大局観とは、局面を見て部分から全体を推し量り、形成を正しく判断して正しい一手を実践する思考の働きです。囲碁や将棋の世界では必要不可欠な能力であり、大局観が磨かれている棋士ほど勝負に強いということになります。

一般に、知識と経験が豊富な人ほど全体像を見渡して判断する力に長けています。遊んでいる小さな子どもがボールを追いかけて道に飛び出してしまうのは、目の前の「ボールをつかまえる」ということにのみ思考が集中してしまい、自分を取り巻く環境を俯瞰して判断することができていないからでしょう。

全体を把握できる人は、構造的にものごとを捉えることができますので、思考も論理的で発言にも説得力が出てきます。俯瞰した視点で広く捉えてゴールを設定しますので、そこへ至る最短距離、最適なコースも論理的にデザインできます。おそらく、長谷部さんはこの思考が身についているため、試合運びも人生も共通した思考で考えることができているのではないかと思っています。

真髄は「ただ斬る」こと

大局観が身についている人は、ものごとをグランドデザインという大きな枠で捉えることができるため、常に問題の本質を突く力があります。

本質からズレた形で業務をしても効率的に結果を生み出すことはできませんし、スポーツや武道であれば技術の上達はおぼつきません。

剣豪・宮本武蔵は、二天一流（二刀流）と命名した兵法指南の極意を『五輪書』に残し、剣の本質を「ただ相手を斬ること」と規定して、文字に残しています。「有構無構」とは構えが有って構えは無い、つまり構えにこだわりすぎると「切事不足なるべし」すなわち「斬る」がおろそかになると言っているのです。

バッハはオルガンの演奏について、「なぜそんなに上手なのか」と聞かれた時、楽譜どおりに定められたタイミングで、定められた位置に指を置くだけだと言ったそうです。「タイミングよく、正しく置く」をひたすら積み重ねることで、素晴らしい演奏が生まれるということです。

野球の打撃は「球にバットを正しく当てること」が真髄であると王貞治さんも言っています。ボールをバットの芯で、正しい角度で捉える。グリップの位置や体の開き具合、バットの軌道などは、そのための過程ということなのでしょうか。私たちが理解できない次元のプロセスをクリアしたうえでの真髄であろうと思います。

私たちが目の前の出来事を俯瞰して捉え、「これさえ抑えておけば後はもういい」と思えれば、それは真髄を見つけられたということであり、本質に気づけたということなのです。

こうした思考は、一般には10代や20代より、経験を積んでいる40代のほうがその能力は高いはずです。大局的な視点を持っている40代とそうでない40代では、同じ空間にいても気づくことが違ってきますし、これが50代、60代以降の人生の差に繋がるということです。

人生の布石から中盤の40代、後半の60代にかけて、様々な選択肢に遭遇することでしょう。そこで次にどんな一手を指すべきか。それを見極める頭の良さ、大局観が人生を変えるのだと思うのです。

第4章

40代で持つべき金銭とITのリテラシー

金銭リテラシー

聞いてしまったヤバい会話

世代に関わらず、人生において常につきまとう課題が金銭の問題です。本章ではお金の話についても考えてみたいと思います。

といっても、今回は老後の資産形成に向けた「40歳からのマネープラン」といった話ではなく、もう少し人文学的で根源的なところ、すなわち「お金をたくさん稼ぎたいならどのような人になるべきか」という極めて基本的な概念を、人生の節目、節目で立ち止まり、各自各様で考えながらその都度、肝に銘じてほしいのです。

これはどちらかというと、40歳を迎えた皆さんというより、お子さんや親戚の甥っ子、姪っ子といった、まだお金の意味が深く理解できていない年齢層と一緒に考えてほしいということでもあります。そのうえで、彼・彼女らが若いうちに、正しい金銭感覚を身につけてほしいと思っているのです。

というのも最近、若者のとんでもない会話を偶然耳にしてしまい、正直「日本は大丈夫か」と心配になるようなできごとがあったのです。

場所は都内の某所、大きな交差点で信号待ちをしていたとき、隣にいた20代前半とおぼしき男性２人が話しているわけです。会話の中身はおおむね次のようなものでした。２人を仮にＡ君とＢ君にしましょう。

Ａ「そういえば俺、金があるんだよ。３万あるんだ。遊ぼうぜ」
Ｂ「どうしたんだよ、その金」
Ａ「消費者金融から借りた」
Ｂ「なんだ、借りたなら自分の金じゃないじゃん」
Ａ「は？　もう俺の金だよ。ほら」
Ｂ「いやそうじゃなくて……ていうか、バイトもしてないのに返せるのかよ」
Ａ「そんなの、返さなきゃいいじゃん」
Ｂ「返さなきゃ督促がくるし、いずれ裁判所から呼ばれるぞ」
Ａ「無視して行かなければいいだろ」
Ｂ「いやいや、信用情報機関にも報告されて、カードも作れなくなるし」

A「カード？　そんなの作らきゃいいじゃん」

キリがないのでこのへんにしますが、こんな調子の会話が、信号が青に変わるまで延々と続いたのです。

もはや漫才のような禅問答のような、とても奇妙なやりとりではあるのですが、A君は決してふざけているわけではなく、どうやら本気でそう信じていたようでした。だからこそB君も必死で説き伏せようとしていたようなのです。

驚くべきことに、A君は手元にあるお金は自分のものであると直観的に捉えているようで、それを返済しないとどのような事態が現実社会で起こりうるのか、それを自分の問題として想像することもできていません。

もちろん、日本の若い人が全部こうだと言うつもりは毛頭ありませんが、ある一例として、20代の金融リテラシーの現実を目の当たりにし、これまで一体どのような人生を送るとこうなるのか、そして20年後に彼がどんな40代になって暮らしているのか、他人ながら心配になってしまったということなのです。

金銭と経済の基本理念は早いうちに

やはり、金銭に係る基本理念は小さい頃から皮膚感覚として身につけておくべき課題ですし、そのためには貯金の習慣を教えたり、お小遣い帳をつける習慣をつけさせたりといったプロセスは徹底しておくべきなのでしょう。

また、銀行がどんな仕組みで動いているのか、株式会社とはどんなものなのか、そもそも大人はどうやってお金を稼いでいるのか、学校ではあまり詳しく教えてくれない経済の基本構造についても、早い段階から学んでおくべきです。

金融庁では、学習指導要領に対応した金融経済教育指導教材や、家計管理や預貯金、クレジットローン、投資などについて知っておくべきことを簡潔にまとめた『基礎から学べる金融ガイド』などを中高生向けにホームページ上で公開しています。

こういった情報がせっかく無料で手に入るわけですから、親子で一緒に閲覧しながら、40歳、50歳の大人たちも学びなおしてみてほしいと思います。

私も何年か前に『小学校では学べない　一生役立つお金の勉強』（ＫＡＤＯＫＡＷＡ）という子ども向けの本を出したことがありますが、結局のところ、「お金持ちになるには人から信用される立派な人間にならなければならない」という、シンプルかつ大切なことを日本中の子どもに知ってほしかったからです。

40代がマネープランを語るとき、一般には分散投資してリスクを減らすとか、老後資金のシミュレーションといった技術的なことが頭に浮かびますが、まずは一社会人としての信用が何よりも重要であるということ、これを若いうちから精神に浸透させておくべきでしょう。先述した「三方よし」の近江商人や松下幸之助、アドラーの「公の概念」とも通じるところです。

もちろん、現実には代議士が不透明なお金のやりとりをしても捕まらなかったり、特殊詐欺の被害額が年間数百億円を超えたりなど、子どもに説明しにくい理不尽な現実もあるわけですが、まずは心の柱になるべき心理を子どものうちに植えつけてあげることが大切だと思うのです。

「ICTは苦手」が通用しなくなる時代

小学生でもタブレットを使いこなす

ICTリテラシーの重要性が時代を重ねるごとに高まっています。一般に「高齢者はネットが苦手」などと言われますが、これからの40代はそういう弁明が一切通用しない老後を生きていくことになります。

既にデジタル技術は日常生活のあらゆるところに組み込まれていますし、実際にどの世代もその恩恵を受けて暮らしています。手にとって利用するデバイスもどんどん進化して直観的に使えるようになっており、今は小学校でも全生徒にタブレット端末が支給され、７歳や８歳の児童が使いこなしています。

ＩＣＴの技術はもはやインフラとして当たり前のものであり、世の中で普通に暮らすためには、基本的なＩＣＴスキルの習得は不可欠です。「苦手」「わからない」で済むことでは無いのです。

先日、あるテレビ番組で高齢者の自動車免許の返納について特集が組まれ、75歳くらいの高齢の父を説得する奥さんや娘さんたちの葛藤が実例として紹介されていました。

どんなに免許を返納するよう迫っても、70代男性は「免許が無かったら買い物にも行けないじゃないか！」と聞き入れません。「買い物はネットでできるでしょう」と言う娘に対し、「ネットなんてわからん！　無理強いするな」と言うわけです。

しかし、考えてみればわかることですが、誰でも使えるOSの「ウインドウズ95」が秋葉原で販売されてから、かれこれ30年近くが経過します。75歳の方であれば45歳前後のときにウインドウズが日本に上陸していたことになります。

「IT革命」からすでに四半世紀

45歳といえば社会人として一番脂が乗っていた時期といえます。なぜそのとき、男性はウインドウズに触れることをスルーし（もちろんマックでもいいですが）、しかもそれ以降も含めてこの30年間、パソコンを覚えようとしなかったのでしょうか。機会はいくらでもあったはずなのです。

さらに言えば、ポータルサイトの「Yahoo！JAPAN」が開設されたのが1996年で、その翌年の97年にネット通販の「楽天市場」がスタートし、続いて「Amazon.jp」が2000年に日本でのサービスを開始しています。「IT革命」という言葉が流行語大賞になったのはその年のことです。「革命」が起きてからもうそろそろ四半世紀が経つわけです。

当時の楽天の狙いは「地方の小さな商店でも、コンピューターに強くなくても、誰でも簡単に店を開けるようにしたいというコンセプト」（楽天グループのＨＰより）だったそうで、これは購入する側にも同じことが言えます。つまり「コンピューターに強くなくても、誰でも簡単に」モノが買えるのがＥＣサイトなのです。

高齢者だからネットなんてわからない、今後も覚える気がない、従って免許の返納は断じてしない。結果として場合によっては周囲に危険が及んでもやむを得ない――。仮にそう考えているのであれば、自己中心的な人と見られても仕方がないでしょう。自己と社会は常につながっており、自分が運転をし続けることが世の中にどう関わっているのか、あるいは関わっていく可能性があるのか、それを考えることができるのが社会性というものです。

空海は「自利利他」という言葉で自分と他人のつながりの大切さを説いています。フランスの哲学者オーギュスト・コントは、「愛他主義」の言葉を用いて他者の立場に立つ生き方の大切さを提唱しました。

もちろん、その男性が免許返納を拒否している理由は、実際には「ネットがわからない」ということだけではないでしょうし、より複雑な心理状態などが絡んでいるとは思います。なにより「自分はまだ運転能力も認知能力も衰えていない」従って「事故なんて起こすはずがない」と頑なに信じているのでしょう。

高齢者の免許返納問題は難しい社会課題ですので、軽々には答えを出せませんが、あくまでＩＣＴリテラシーの重要性を考えるうえで、このできごとは一つの象徴的なエピソードであると感じました。

ちなみに、高齢者のデジタル活用に対する支援策としては、総務省がスマホを使った行政手続きなどに関する相談の受け付けを２０２１年から講習会形式で行っていますし、シニア向けのプログラミング講座なども支援しているようです。

ＩＣＴに触れる「機会」は様々な形で社会に用意されていますから、周囲にご高齢の方がいれば紹介してあげてみてください。

ＤＸ遅れは40代が原因か

高齢者のＩＣＴリテラシーについて触れてきたわけですが、では働き盛りの40代はどうでしょうか。

実はいま手元に、２０２２年1月18日に配信された日本経済新聞の「ＤＸ遅れは中堅社員のせい？　40代『関わりたくない』４割」と題する記事があります。ＤＸ（デ

40代の4割がDXに消極的

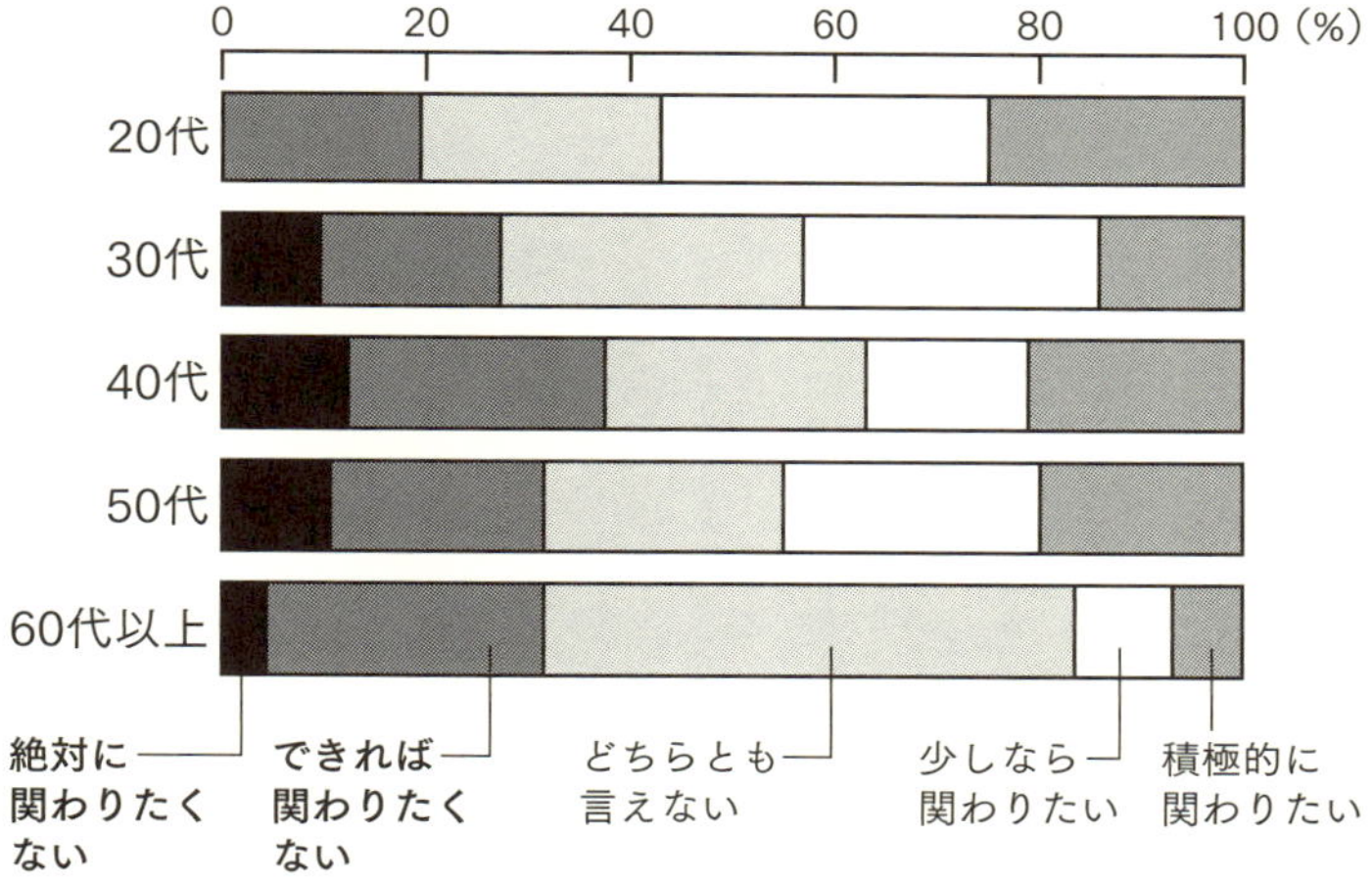

出展：日本経済新聞社（元データはIGS社）

ジタル・トランスフォーメーション）とは、デジタル技術を浸透させることで人々の生活をより良いものへと変革することです。これが進んでいる国とそうでない国では、自ずと技術革新や人々の生活の豊かさにおいて差が開いていくということになります。

問題は、先進国であるはずの日本の大手企業のＤＸが海外と比べて大きく遅れており、そのボトルネックとなっているのが、実は40代の中堅社員である可能性が高いということなのです。

記事によると、社員１０００人以

上の企業に勤める40代の社員の38％が「ＤＸやデジタルビジネスに関わりたくない」と答えています。刮目すべきは、この割合が20代～30代はおろか、50代～60代をも上回り、全世代でもっとも多かったというところです。

記事では、「（ＤＸを）やりたくないことと、リスクを取りたくない気持ちが重なっている」との関係者による分析を紹介しながら、「日本の中堅社員のＤＸに対する後ろ向きな意見は世界でも突出している」と危機的に報じています。

また、記事では別の調査結果も伝えています。「自社がデジタル化に十分対応できている」と答えた中間管理職の割合を国別で算出し、もっとも多かった国がアメリカで75％、次いでドイツ61％、イギリス58％、フランス56％となる中で、日本はわずか37％にとどまったといいます。

これらを総合すると、デジタル化に対応できていないことはわかっている、でも関わりたくない――そう考えているのが日本の40代の働き手であり、中間管理職であるということになるのです。

もっとも、トップダウン式の欧米企業と比較し、ボトムアップで下からの声も重視する日本の企業は、合意形成に時間がかかるという構造的な問題も抱えています。記事では「経験豊かな中堅社員は仕事のやり方を変えるのが簡単ではないことを熟知しているからこそ、後ろ向きな声が多い」とも分析しており、「日本の中間管理職にポテンシャルがないわけではない」ともしっかり伝えています。

人事評価制度を含め、日本企業の働き方そのものを点検していく必要もありそうで、一概に「日本の40代は……」という問題でもなさそうですが、あくまで一つの課題として考える材料にはなりそうです。

４割の20代がＩＣＴに自信なし

一方、ＩＣＴの活用モードでいうと、若い世代はまったく問題ないかといえば、意外にそうでもないのです。特に近年の学生は「デバイスはスマホ一択」といった人も多く、パソコンのキーボードがうまく使えないという人がそれほど珍しくありません。

ある民間企業が約５００人の大学生を対象に行った調査によると、いわゆるショートカットキーをまったく使えないという人が約２割、ワードやエクセルといった基本的なＰＣツールに「自信がない」と答えた若者が約４割に達したといいます。

ある編集プロダクションの社長さんに聞いた話ですが、20代の新人スタッフが、キーボードを見ないで打つ「タッチタイピング」ができないことを、入社後になって初めて知ったと嘆いていました。なぜ面接で確認しなかったのかと聞くと、「まさかそんな人が出版業界の面接を受けに来るとは思っていなかった」のだそうです。

私も大学で教鞭をとっている立場の者ですが、学生に「ICTが得意か」と聞いて「イエス」と答える人は、文系の場合は2割いかないくらいなのです。

そういうとき、私はICTに絡んだ宿題を出してみることがあります。簡単にいうと、「一週間で自分のICT技術を向上させる活動を、なんでもいいから工夫して実践し、そのビーフォー&アフターをレポートで提出せよ」というものです。

私の専門は教育学で、教えている学生は基本的に教員志望なのですが、現代は教えられる側の子ども全員がタブレット端末を支給されている時代です。

これは文部科学省が2019年に打ち出した「GIGAスクール構想」に基づくもので、一人1台端末と高速通信ネットワークを整備した環境下で、個別最適化された創造性を育む質の高い教育を実現していこうというビジョンがあるのです。

こうなると、民間のソフトウェア企業も文科省の指導要領に合わせた「勉強サポートアプリ」などを開発してきますし、学習塾や通信教育企業でもICT化の動きが加速しています。子どもたちの教育環境は、これからますます情報通信技術と不可分なものとなります。

そうした中で教える側が「文系だからＩＣＴが苦手でさぁ」で済むはずがありません。卒業までの４年間で少しでもスキルアップを図り、十二分にアップデートした形で教育の現場に挑む必要があります。

一週間でＩＣＴのプチ専門家に

話を「ＩＣＴの宿題」に戻しますが、内容はそれほど専門的なものでなくてもいいのです。中には先述したタッチタイピングを、専用ソフトを使って一週間かけて猛特訓した人もいましたし、本を買ってきて表計算によるデータ入力と処理スキルの基本を覚え、「エクセルだけはそこそこ自信アリ！」と言える水準になれたという人もいました。

ビジネスメールによるコミュニケーションスキルのあり方をレジュメにまとめたり、手元の情報をネットで発信する際のリテラシーについて考えてきた学生もいました。

最近では「チャットＧＰＴ」のような生成ＡＩが世の中に浸透しつつありますが、

これも単に文字を打ち込んで回答を導くだけでなく、突き詰めるとそれなりに奥が深い世界です。

まずチャットGPTを漠然と「便利なAIツール」で片づけるのでなく、「結局、何がすごいのか」を箇条書きで列挙し、「できること、苦手なこと」を整理してみるだけで本質が見えてきます。

使い方にもコツが求められ、精度の高い答えを導き出すには、プロンプト（質問を打ち込む欄）に入力する文章も工夫する必要が出てきます。

一度に複数の質問を投げるよりも、段階を踏んでタスクを与えるほうがいいということも、使っていくうちに理解できてきます。さらに有料版になれば「プラグイン」という拡張版のサービスも利用でき、これを合わせるとツールとしての自由度がさらに拡がります。

これらを体系的にまとめれば一冊の本になりますし、さすがに授業の課題ではそこまでいかないまでも、一週間かければそれなりの〝プチ専門家〟としての次元にまでは到達できているはずです。この自信がまた次へつながるということです。

第5章

40代が持つべき思考習慣

40代からの読書

読書は心を豊かに耕す作業

40代から何か新しいことをはじめてみるというのは、考え方としては「第二の部活人生」とでもいえるのではないでしょうか。20代～30代で好きなことをそれなりにやり、40代という人生の2回り目から、部活的なことをもう一個くらいはじめてみる。

仕事での悩みや、もやもやした気持ちを抱えている人も、「部活」で吹っ切れればまた明日と向かい合うことができます。その積み重ねがこの先の50代へと繋がります。

そのうえで、お金も時間もあまりかからない、もっとも無理のない形ではじめられる一つが読書ではないでしょうか。40代から自分の中で「読書部」をスタートさせてみるということです。

私は常々「読書とは心を耕す行為」だと言い続けており、良書を一冊読むと心は豊かに耕され、後に様々な形で花を咲かせると思っています。文豪の名文を読むことは、彼らの辿った道を私たちが自分の足で踏みしめてみることであり、時代を超えて心を重ね合わせる行為でもあります。

読書は習慣化することが大事です。10代や20代でほとんど本を読んでこなかったという40代の人にとっては、ある程度ボリュームのある書籍を一冊読了するのは、それなりに負荷のかかる作業となるでしょう。

ユーチューブの映像ならずっと見ていられるのに、なぜ読書は疲れるのかといえば簡単な話です。映像のほうが脳は楽ができるからです。

人の脳というのは入ってくる情報が少ないほどそれを補おうとしますが、映画は黙っていても映像や音が情報として視覚や聴覚をとおして脳に飛び込んできます。

しかし、本はこちらから狩りに行くように、読みに向かっていかないと入ってきませんし、理解もできませんので、映像作品を見るときより脳が活発に働いているのです。

たとえば、小説に登場する人物の会話部分は、実際には声が聞こえてきませんが、想像上の声で脳の「聴覚野」という部位が活性化しているのだそうです。

芥川龍之介の『蜘蛛の糸』を読んでいるとき、人はお釈迦様の声を「こんな声かな」と無意識にイメージして脳内で再生し、表情を空想し、金色の蕊《ずい》の「何ともいえない好い匂い」がどんな香りであるかを、脳をフル回転させて想像しているのです。国木田独歩の『武蔵野』を手に取って開き、「澄みわたった大空が梢々の隙間からのぞかれて日の光は風に動く葉末々々に砕け、その美しさ言いつくされず」という文を読むとき、その美しい景色を想像の世界で描きながら、今すぐにでもトレッキングに出かけたい気持ちになるのです。

そう考えると、小さな子どもへの絵本の読み聞かせが、感性や想像力、共感力、語彙力などを育てるうえで大きな効果があり、脳の発育にもいいというのは大いに頷けます。

小学生が宮沢賢治の『やまなし』を読んでいるとき、二匹の蟹やクラムボンをどれだけ自由にイメージしているのか、大人の私たちにはなかなか想像できない世界です。

アニメだけでは子どもは不安

40代の皆さんに小さなお子さんがいるのであれば、時間の許す限り絵本を一緒に読んであげてください。読み聞かせがお子さんの心を豊かに耕してくれます。

誤解していただきたくないのは、アニメや映画などの映像作品が良くないと言っているのではないのです。ただ、映像だけを子どもに見せて、本を読む機会を十分に与えないというのは、あきらかに足りていないということなのです。

事実、アニメ界の巨匠である宮崎駿監督ご自身が、著書『折り返し点』（岩波書店）で次のように仰っています。

「絵本とアニメーションの関係で言えば、いい絵本をアニメーションにしてしまっていいのかという問題が僕らの間にはあります。絵本は、余白だらけで、逆から読んでもいいですし、好きなところだけ見てもいいですし、とにかく一度通過した絵本を自分の好きなように何度も読んで、いつも傍らにあるという状態がいいんだと思うんです」

「ただ、基本的には、ビデオのスイッチをつけるということと絵本を開いて見るということは本質的に全く違う行為だと思います。映像は、見ている見ていないに係わらず一定のスピードで送りだされる一方的な刺激ですが、絵本は、違います。今のように子どもたちが、映像に頼れば頼るだけ、これからは現実の生活の中で、絵本を楽しむような時間が必要になってくるんじゃないですか」

これは大人も同様で、文字だけの本を読むよりも、動画サイトを見ているほうが、脳は受け身なので楽に決まっています。しかも最近は、ユーチューブよりTikTokのほうが若者にとっては主流ですから、動画であってもより短いものが好まれます。長尺の動画は見てもらえません。見る側にとって環境はどんどん楽になり、脳を働かせなくてもいいようになっているのです。

しかし、心を耕して感性を豊かにするには読書が不可欠なのです。宮崎監督ご自身が大変な読書家であることは言うまでもありません。その豊かな感性があれほどの数の名作を生んだ源泉となったのでしょう。

半年間に1冊も本を読まない40代

一般に「若者は本を読まない」などといいますが、では今の高齢者は本を読んできたのでしょうか。というのも、若者の活字離れが指摘されはじめたのは、実は1980年前後と言われています。ちょうどバブル期に青春を謳歌していた世代もそこに含まれ、その人たちの多くがいま還暦を迎えようとしています。つまり、全世代的に日本人が本を読まなくなっているという指摘もあるわけです。

マーケティング・リサーチ会社のクロス・マーケティングが実施した調査によると、半年間に読む本の量を問う質問に対し、もっとも多かった答えが「1冊未満」で、実に47・9％に達し、さらに40代男性に限っていえば49・1％に達したといいます。

1冊未満ということは、簡単にいえば1冊も読んでいないということです。つまり40代のおじさんの2人に1人は本を全然読んでいないということになります。

私は20年以上前に『読書力』（岩波書店）という本を出しましたが、その当時に全国で2万件以上あった書店の数は、現在は1万件近くに半減しています。amazonなどのネット通販の浸透による影響もあるとは思いますが、理由はそれだけではないでしょう。日本人が本を読まなくなったということの一点につきます。

読書とはスポーツと少し似たところがあって、毎日本を読むということは、読書力を鍛える知の筋トレをしているようなものです。

筋力をつけるには積み重ねが必要ですが、積み重ねてさえいれば筋肉は必ずつくということ。読書力も同じです。トレーニングは嘘をつきません。そのためにできるだ

40代男性の2人に1人は半年間に本を1冊も読まない

半年に読む本の量（単一回答 n＝1,100）

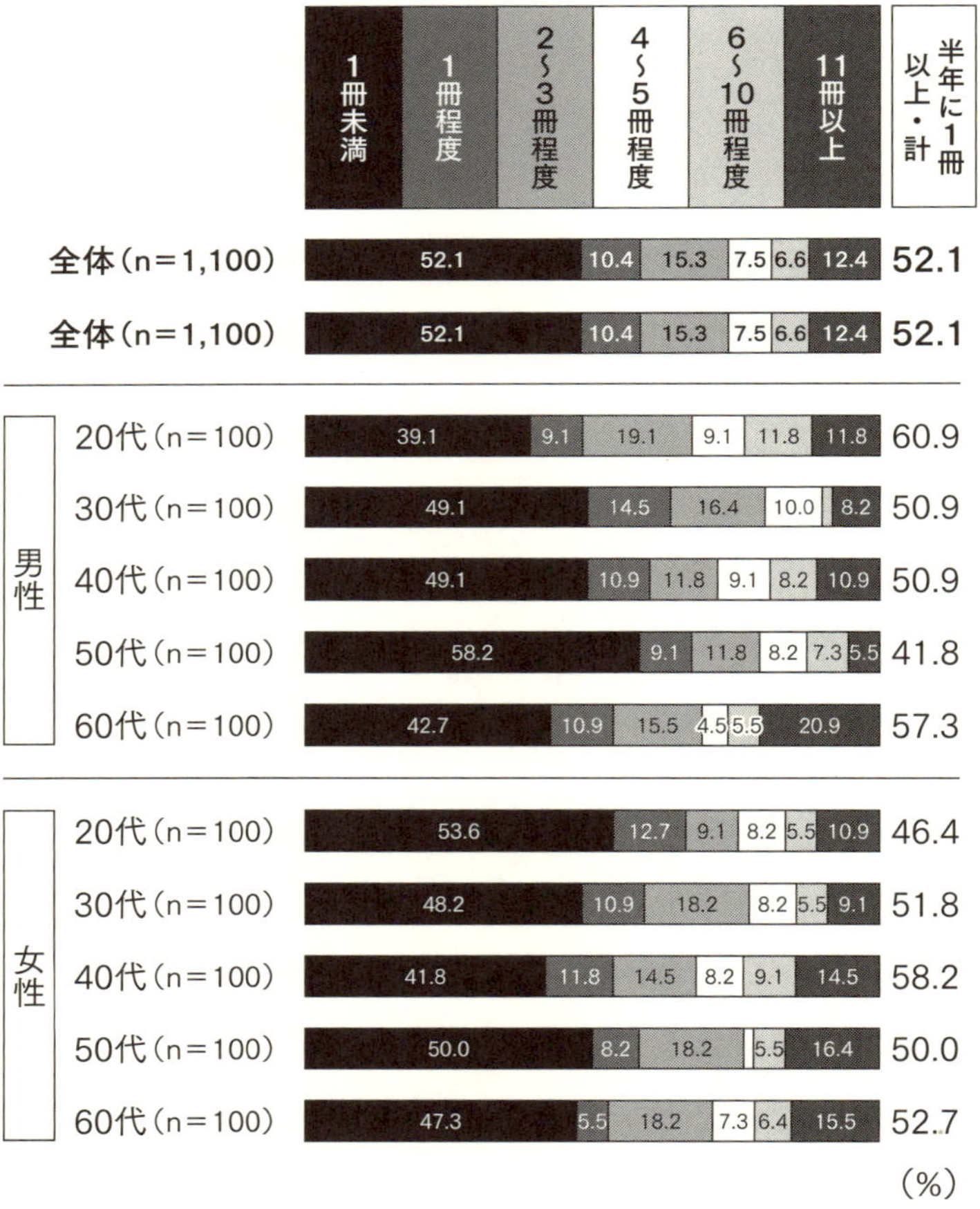

出展：（株）クロス・マーケティングによる「読書に関する調査（2023年）」

け良書と呼ばれる本を選ぶことが必要となります。

本を24時間持ち歩く

書籍に馴染む一つの方法として、とにかく本を持ち歩いてみるという方法があります。理屈抜きで自分から本にべったりと寄り添ってみるのです。

私は中学生の頃に勝海舟の『氷川清話《ひかわせいわ》』を持ち歩いていた時期がありました。幕末と維新史にその名を刻んだ勝が晩年、赤坂氷川の自邸で語ったとされる、勝ならではのべらんめえ調での政局批判や人物評をまとめたもので、歴史に興味が薄い人でも大変面白く読めますし、もちろん勉強にもなります。

勝は、雑念を除いて現世を忘れる「坐忘《ざぼう》の精神」を貴んだ人で、『氷川清話』にも次のように記しています。

「胸中闊然として一物を留めざる境地に至って初めて、万事万境に応じて横縦自在の判断が出来る。心を明鏡止水のごとく磨ぎ澄ましておきさえすれば、いついかなる事変が襲うて来てもそれに処する方法は自然と胸に浮かんで来る。いはゆる物来たりて順応する」

簡単にまとめてしまうと、頭と心を空っぽにして無の境地に自分を置きさえすれば、何が起きても正しく対応ができるということです。

中学生の私が「明鏡止水《めいきょうしすい》」の境地を本当の意味で理解できていたかはともかく、毎日この本を鞄に入れて歩いていると、勝海舟と言う人物が身近に感じられ、書物への愛着も深まり、読むという行為が日に日に好きになっていったものです。

また、社会人になって今の仕事をするようになっても、『論語』を2年ほど持ち歩いていた時期がありました。実はこれは、『論語』に関連した書籍の執筆を出版社から頼まれたため、必要に迫られて持ち歩いたという事情もあったのですが、これはこれで自分にとって良き日々でした。

大学で学生たちへの講義を終えた帰りなどに、目に入った喫茶店へ立ち寄り、そこで『論語』を開いて言葉を訳し、当時でしたからファックスでその都度、編集者へ送るという作業を2年あまり続けたのです。

今考えると、いくら多忙だったとはいえ時間をかけ過ぎましたし、その点については当時の編集担当さんにこの場をお借りしてお詫びをしたいと思いますが、その２年を振り返ると、とても充実していたわけです。孔子や弟子の言葉が常に身近にあることで、心の距離感はどんどん近くなり、やがて重なるような気さえしてきます。

『情報の歴史』（ＮＴＴ出版）の監修などでも知られる松岡正剛さんは、若かりし頃に、禅文化を海外へ広めた仏教哲学者・鈴木大拙《だいせつ》の『禅と日本文化』（岩波新書）を持ち歩き、事あるごとに読み返しながら自己の内面へ吸収していったとおっしゃっています。

以下はご自身の公式サイト『千夜千冊』からの引用です。

「手元の岩波新書の第19版奥付は昭和35年。高校２年のときにあたる。ボロボロだ。そうだった、これを布製のナップザックに入れて鎌倉を歩いた。このとき居士林《こじりん》や覚園寺で座禅などに遊び、大量の鎌倉の写真も撮った。

この年頃に禅を知ったこと、ほぼ同時に大拙を読んだこと、それが英文で書かれたものの対訳版であったこと、これらはいまふりかえるとかなり濃厚な大拙禅ミームをぼくの体に染みこませていた。それとともにやっと日本文化の入口に気がついた。京都の呉服屋に育っていれば日本文化なんて勝手に身についていていてもおかしくないはずだが、残念ながらそうはなっていない。日本文化の奥に手が届くのはずっとあとだ。その踊り場がこの一冊にあったということが、のちにわかった」

禅文化の真髄が、一冊の本を通して一人の青年の心に染み込んでいく様子が伝わってきます。これが本を持ち歩くことの力というものです。

実際、本好きな方にとっては、本を持ち歩くという行為はかなり自然なことで、お気に入りのブックカバーに着せ替えて常に鞄に1冊入れているという方は少なくありません。その本が自分の仲間であり、友人であり、身内のような存在になっているのです。

仏陀や孔子を持ち歩いてみることで、偉人と自分との隔たりが埋まれば、放っておいても読みたい気持ちになってくるものです。

もし「本は重いから」というのであれば、文庫本を一冊持って歩くというのはいかがでしょう。思い立った日が吉日、好機逸すべからずです。是非、今日からはじめてみてください。

文庫１００冊、新書50冊を読む

本を毎日、続けて読むことが、読書力を鍛える筋トレのようなものだという話をしました。そのうえで、ひとまず十分な読書力がついたといえる基準を、私は先述した拙著『読書力』の中で「文庫１００冊、新書50冊」と提唱しました。あくまで私独自の基準ですが、20年経過してもこの基準は間違っていないと思っています。

先の調査結果でもわかるとおり、半年間に1冊も読んでいない人にとっては「100冊なんて絶対に無理！」ということになるでしょうが、最初からそう決めつけないでください。落ちついて計算すればわかりますが、月に4冊を読めば2年で読み切れますし、月2冊でも4年で終わります。

大学生であれば入学から卒業までの年数ですし、びっくりするほど高いハードルではありません。

もしくは2年や3年という時間を「長すぎる！」と考えるでしょうか。しかし、いま40歳の人であれば3年前の自分を思い出してみてください。

それほど遠い昔のことではないはずで、むしろ「つい最近と思っていたけど、あれからもう3年も経ってたのか」という感覚ではないでしょうか。そのうえで、何も具体的なことをしないまま、無為に3年という時間を過ごしてしまったという人は多いのではないでしょうか。

ちなみに、社会人でいう中堅社員とは、一般に役職についていない入社3年目くらいからの社員を指すそうです。その間にもし本を読みはじめていれば、中堅社員として仕事に慣れてきた今頃、１００冊を読破できていたかもしれません。

であるなら、2年後、3年後の自分へ向けて、今から読みはじめておくべきです。3年後の自分へ向けた知の贈り物と考えてみてください。

40代ではじめてわかる本もある

読書という行為を、私は「心を耕す」行為だと思っているのですが、これは人生のハーフタイムを迎えた40代にはちょうどいい時期だと思っています。

本をたくさん読み続けていると、「この本はいまいちだ」「自分にはピンと来ないかな」というときも正直あるかもしれません。が、「あ、これだ！」「来た、来た！」という瞬間が必ず訪れます。その瞬間を待ちわび、そして大事にしてほしいのです。

感動は人の脳を若く保ちます。「これだ！」と感じているとき、脳はドーパミンを放出して、心の底から若返っているような心地よい気分になります。

感動と新鮮な喜びが心のアンチエイジングに繋がるということ、それを読書という行為がもたらしてくれるということなのです。

読書のおもしろさとは、同じ本でも10代、20代で読むのと、40代になってから読むのでは、感じ方が同じではないというところです。

夏目漱石の小説『こころ』は、10代の高校生くらいの人が読むのであれば、おそらく主人公の「私（わたくし）」の視点から物語に入っていくのが自然だと思います。先ほど、本を読んでいるときの人の脳は映像や声を想像していると書きましたが、10代なら「私」という若者の視点からのイメージであることが多くなるでしょう。

一方、40歳になってからこの小説をあらためて読み直すとき、その視点は「先生」の側に回っているのではないかと思います。

これは意識してそうしているのではなく、自分という人間が変化しているため、思考のポジションも自然に変わっていくということです。

これは脳にとっては別の体験です。同じ本を読んでも、40歳のその人にとっては新鮮な体験なのです。これがまた、新たにその人の心を耕してくれるということです。

このように、「40歳からの読書部」をスタートさせてみることで、人生の壮年期に初めて気づく文学の良さというものがあります。20代でピンと来なかった本が、「あれ、こんなにスルスルと心に入ってくる」という良い出会いがあるものなのです。

太宰治が晩年に書いた短編小説『ヴィヨンの妻』は、破綻した性格を持つ主人公の詩人が、自分の居場所を探してもがき苦しみつつ生きる様子を、鮮烈で生々しい文体で綴っています。これなども、フェミニズムをしっかり理解している現代の高校生や大学生が先入観なしで読むと、「どうしようもないモラハラおじさん」「もっと家庭を大切にしろよ」「自分だけはこうなりたくない」と感じるかもしれません。

一方、社会に出て様々な経験を経て、酸いも甘いも嚙み分けられるようになる年代が、おそらくは40代や50代です。生きていれば理不尽なこともあるし、望まない揉めごとにも遭遇します。

「人間の生活」というものをより深く知る40代だからこそ思う、人生の悲哀や人間の弱さというものが現実にあるわけです。『ヴィヨンの妻』を大人になって読み返したとき、そこと向きあえている自分に気づくはずです。

妻のさっちゃんの「生きてさえいればいいのよ」という言葉に心打たれるのも40代のよさです。

読書とは違いますが、映画『男はつらいよ』に出てくるフーテンの寅さんなどは、大人の私たちから見れば憎めないキャラクターとして受容できますが、小中学生くらいの子どもにいきなり見せれば、「なんて倫理観の無い、いいかげんな大人であろうか」という感想を持つのかもしれません。

40代で読んでおきたい小説

夏目漱石の『草枕』は、そうした「人生のおかしみ」がたっぷりと感じられる名文句ではじまる小説です。

「やまみちを登りながら、こう考えた。智に働けば角が立つ。情に棹《さお》させば流される。意地を通せば窮屈だ。とかくに人の世は住みにくい」

理知だけで押し通せば人と衝突するし、かといって人の感情ばかり気遣っていると他人に足元をすくわれる、意地を張ると人とぶつかる。なんとまぁ、住みにくい世の中であろうか――。なんとも味のある書き出しです。これこそ「酸いも甘いも」の40

代なら実感できる一文でしょう。私自身、初めてこれを読んだのは10代ですが、40代や50代で読み返したときのほうがストンと心に入ってきましたし、はるかに腑に落ちて好きになったのを覚えています。

志賀直哉の『暗夜行路』にしても、主人公の苦悩や葛藤が心の内面からの視点で描かれており、おそらく40代くらいのほうが身に染みて読める一冊ではないでしょうか。

こういう違いは、性別の違いによってもあることでしょう。先の『ヴィヨンの妻』は、主人公の妻による一人称の語り口で書かれていますので、女性の読者であれば視点も妻側になることでしょう。となると、書き出しの「あわただしく、玄関をあける音が聞えて、私はその音で、眼をさましましたが、それは泥酔の夫の、深夜の帰宅にきまっているのでございますから、そのまま黙って寝ていました」という冒頭の一文を読んだ瞬間から、男性とはまったく違った心情の蠢《うごめ》きを感じるはずです。

老いて死を意識する男の心情を描いた川端康成の長編小説『山の音』は、ひょっとしたら40代でもタイミング的にまだ若く、リタイアを考えはじめる50代や、本格的な老後をイメージする60代のほうがタイムリーかもしれません。人生の予習という意味では40代の今、読んでおくべき一冊でもあります。

人によって立ち位置は変わり、視点が変われば違った体験となる。それが読書の力だということができるでしょう。

40代が身につけるべき書く力

人格が文章には表れる

40代が「本を読む」ということについて考えてきたわけですが、日本人として「文字を書く」ということの大切さについても、40歳の節目でしっかりと考えていくべきテーマだと思います。人生の折り返し地点を迎えた40代にとって、「読む力」も「書く力」もこれからますます社会から求められるはずです。

近年はチャットＧＰＴのような生成ＡＩが浸透していますので、「別に自分で書かなくてもいいじゃないか」と考えている人も中にはいるかもしれません。あるいは、書かなくていいとまで言わなくても「上手に書けなくたっていいでしょ」という人は多いのではないでしょうか。

しかし、それは「考える」という作業を人間が放棄することを意味しています。考え続けるということは、人間の知的活動で欠くべからざる重要な作業です。

パスカルは自身の思想をまとめた『パンセ』の中で、「人間は自然のうちでもっとも弱い一本の葦にすぎない。しかしそれは考える葦である」と言っています。人はかよわき存在でありながらも、思考をする偉大さを備えているということ。その思考を捨ててしまうのであれば、もはや一本の弱々しい植物に過ぎません。

一般に、地頭がいいと言われる人は文章もそれなりに上手です。博物学者のジョルジュ・ルイ・ルクレール・ビュフォンは、文章にはその人の人格が表れるという趣旨の言葉を残しています。これが俗に「文は人なり」の格言として世に広まっています。

頭がいい人がなぜ文章もうまいのか。それは一つには構成力があるからです。目の前にまっさらな原稿用紙を置かれて「さぁ、日本の少子化について思うことを30分で書きなさい」と言われたら、これまで少子化について多少なりとも考えてきたこと、実際に経験してきたこと、不思議に思ってきたことなどの情報を、制限時間の中で構築し、文字化する作業を強いられることになります。

その際、少子化問題について日頃から専門的に学んでいればかなり有利ですが、必ずしも特化した知識がなくても、自分なりに得てきた情報を再構成し、読みやすく組み立てて書くのが文章力というものです。

このときに「何をどう書きはじめていいかさっぱりわからない……」という人は、とりあえず思いつくことをメモして、それをながめて、項目をグループ分けすると全体が見えてきます。

文章力が日本経済を揺るがす

文章を書く能力が上達していくと、気持ちも楽になって日常からストレスが減っていきます。文章が上手であることは、実は心の安定にもつながるということです。

さらにこんな話もあります。日本漢字能力検定協会が２０２２年に行った調査によると、部下や後輩が書いた文章にストレスを感じたことがある（「ややある」を含む）と回答した30歳以上の社員が84・５％に達し、その主な原因に「説明不足」「語彙や表現が合っていない」「文が無駄に長い」「筋道が立っていない」「主語がわからない」などが挙がったそうです。

おそらく「顧客ターゲットがあいまいだな」「データの出所がよくわからない」「この長い説明文は今回必要なの？」といったことでしょうか。本書の主な読者層である

40代であるなら、管理職として思い当たる節があるのではないでしょうか。

さらに、上司から文章を指摘されることにストレスを感じている20代の社員も53％いるとのことですので、こうなると作文力が原因で日本中の職場がギスギスしているという話なのです。

文章の技術力が企業の労働環境に影響し、ひいては日本経済を左右するということになりかねません。メールでの文章のやりとりがビジネスの中心になってきている現在、文章力は社会的に大きな課題であると言えます。

何がおかしいかに気づけない

この調査結果を見て私が「危険だな」と感じたのは、自分が書いた文章のどこが変であるかがわからないという人が多いということです。上司に報告するレジュメや企画書ですから何度も読み返しているはずなのです。誤字や脱字、事実関係の見誤りといった類のミスならともかく、「主語がわからない」「文章が論理的につながっていない」ことに気づくことができず、「よし、これでＯＫ」と意気揚々と提出してしまうのは、ある意味で怖いことだと私は思っています。

私はテニスをやっていましたが、何が良いか悪いか分かっていないビギナーの方が、ラケットだけ握って何時間練習しても、うまくなることはありません。むしろ変な癖を覚えてしまい、あとで矯正するのが難しいということになるでしょう。

しかも、そのような不完全な文書を提出して上司をイラつかせ、その指摘に自分もまたイラついているのでは、自分発信の負の連鎖です。

一方、この調査結果には出てきていませんが、40代で文章が苦手という人も大勢いるはずです。むしろ20代なら「まだ若いから」で許されるところ、40代で部下から「課長の文章、わかりにくいんですよ」などと言われたら、それこそ立つ瀬がありません。他人事ではないはずです。

これは後でも触れますが、自分の文章のおかしさに気づけない人は、文章を構造化して整理することができません。

結局は、小さい頃から本を読んだり、文を書いたりする必要があるという結論になるわけですが、今から上達する方法だってあるのです。それについて、これから考えていきたいと思います。

原稿用紙10枚を書ける自分に

私の場合は、小学生の頃に絵日記を書き続けていたのですが、これが今の自分をかなり助けていると考えています。本を読んで語彙を増やしたということもありますが、書いて考えを表現するのとは別の作業です。その行為に早いうちから慣れ親しんでいました。

なにしろ、毎日毎日書いていると、やがて自分の「型」(パターン)のようなものが自然とできてきて、一文を書いた後に次の文が繋がるように自然と浮かんでくるようになってきます。文が文を連れてくるような感覚でしょうか。

日頃から本をたくさん読んでいる子であれば、語彙や表現が脳にストックされていますので、書き進めるうちに記憶の引き出しがスッと開き、瞬時に「あ、それ使おう」「いや、今回はこっちのほうがいいかな」という選別作業も滑らかにできるようになります。

ときには書くのをストップさせて手元の本を開いたり、電子辞書を調べたりしながら「こんな言い方もあるのか。じゃ、こっちで」とやっていけば、語彙力や表現力はさらに高まります。

こうなるとしめたもので、書くことに対して恐怖心がなくなり、小学生でも長い文章をストレスなく書けるようになっているはずです。

恐怖心というと大げさに思うかもしれませんが、書くのが本当に苦手という人は「原稿用紙を見るとビビってしまう」とよく言います。そうなるともうこれは、恐れといって過言ではないでしょう。その恐れが無くなるということなのです。

私は仕事柄、人前で話す機会が多いですし、文字も日常的に一定量を書くのが常です。通常、本を書く場合は、新書なら一冊で10万字くらい書く必要がありますが、コラムの寄稿であれば１０００字程度かそれ以下のこともあります。４００字詰め原稿用紙であれば２枚くらいといったところでしょう。

このくらいの原稿であれば、移動中の新幹線などでスマホのメモ帳アプリに打ち込んでしまい、目的地の駅に着く前に書き終えて、推敲したうえでメールで送ってしまいます。

書くことへの「恐怖心」がある人は、パソコンを前にして腕を組み、身体を緊張させ、10分経っても最初の一文が出てこなかったりすると聞きます。そんな時は、書きやすい所から書いてみる。最初の一文を最後に書いてもいいわけです。

知の足腰が弱っている

長文を書くのが苦痛ということは、言い換えれば我慢ができないということでもあります。耐性が低いので書き続けることができず、集中力がないためすぐ別のことに気が散ってしまいます。厚い本を読み続けられないのと似ています。

ユーチューブやTikTokなどに短い動画をアップすることと、一定以上の文章を書き続ける力は別物です。「知の足腰」が弱体化している人ほど、文章を書き続けることができないのです。

実際、専門家が論文を完成させるには、大きなテーマを仮説として設定し、それを立証するための検証を繰り返しながら、何か月あるいは何年もかけて長大なレポートを作成する必要があります。知の足腰が鍛えられまくっているからできる作業です。大学の卒業論文も同じです。

いわゆる文筆家と呼ばれる人たちは、1日に7～8時間くらいは平気で書き続けられるという人がほとんどですし、締め切り前はゾーンに入ってそれ以上を書くこともあるといいます。それが健康にいいかどうかは別として、いざとなればそれができる〝筋力〟があるということです。

先日、ある大手のコンサルティングファームに就職したという元教え子によると、彼らの業務は常に仮説の構築とその検証、そして仮説の修正を加えて再度の仮説検証と、粘り強く作業を進めることで、ようやく結果が得られるとのことでした。

案件によってはクライアント先の企業に数か月も常駐し、そこで何があっても継続して最後までやり抜くことがマストであるとも言っていました。こちらも知の足腰が鍛えられていないと通用しない仕事であると感じました。

文章が苦手だという40代の方に、本一冊分の10万字を書いてくださいとは言いませんが、せめて原稿用紙10枚分、すなわち４千字くらいは抵抗なく書ける自分を作っておきたいものです。

１枚書くのも大変という方であれば「10枚なんてとんでもない！」と思うかもしれませんが、10㎞マラソンに例えれば、ペラ１枚が１㎞相当です。

フルマラソンを70歳くらいの高齢者が自分のペースで走り切っている話をよく聞きますが、40代であれば時間をかけてトレーニングを重ねて、10㎞くらいを走るのは無理なことではないはずです。

この10㎞を一回走り切ることができれば、それが自信になって15㎞、20㎞へと伸ばすこともできます。4千字が書ければその倍の8千字、さらには1万字も難しいことではなくなってきます。そうなれば、会社で業務に必要な数枚のレジュメを書くことなど雑作もないということになるでしょう。

野球でいえば、80mの遠投の練習を普段からしているピッチャーは、試合ではこれを技術的に圧縮する形で、約18m先のキャッチャーへ球を投げているのです。地肩が強い投手（書き手）は、短い距離（文章）でより丁寧でこまやかなピッチング（文章を書くこと）ができるものなのです。

テーマを3つ拾い出す

文章を書きはじめる前にまずやらなければならないのは、先にも述べましたが、まず何を書きたいのかテーマを確認し、これをもとに構成していくことです。何を書くかわかっていなければ、行き先がわからない車のように、途中から文章の矛先がおかしなほうに向かってしまいます。

あたりまえのように聞こえますが、実際に書くのが苦手な人というのは、そういう不思議な文章を書くものなのです。

この構築作業は頭の中でするのではなく、必ず紙に書き出したほうがいいでしょう。考えていることを文字にして可視化し、それにより整理していくことです。実際、プロの作家が小説を書くときも、たいていは綿密に創作メモを作っています。

まず、大きなテーマが決まったら、それを考察するためのポイントを３つほどあげてみます。たとえば、最初にあげた少子化問題について書くのであれば、その主な原因を「晩婚化や未婚化」として大きなテーマとし、その背景として①経済的な不安定さ、②女性の社会進出、③結婚に対する社会的価値観の変化——などとしてみましょう。

これで大きな構図が構築できたことになります。次に①から③に関する解説や背景、解決策などを拾い出してみると、文章全体の構成も固まってきます。あとはこれにエビデンスや自分の考えを交えながら文章にしていくことになります。

先ほどの調査であがった「説明の過不足」「主語があいまい」「語彙や表現」「文の長さ」なども、陥りがちなポイントとしてチェックしてみてもいいでしょう。

この流れで作成していけば、語彙や表現力などはさておき、少なくともピントが大きくズレた文にはなりません。その人が個人的に気になっている「賃金の停滞」だけをだらだらと書き綴ってしまい、他の問題に触れ忘れてしまったり、別の方向へ流れて行ってしまうといったことはなくなるはずです。そのうえでセンスは書いていくうちに磨かれていくものです。

人気ドラマを教材に

これをお子さんや知り合いの子に教えるのであれば、子どもが興味を持ちそうなコンテンツを教材にしてもいいと思います。

私は「斎藤メソッド」という小学生向けの私塾をしていたことがありますが、そこではアニメの物語作品を15分ほど見てもらい、見終わったら登場人物を相関図で書いてもらったり、2人一組になってお互いにストーリーを説明してもらったりといったトレーニングをしてもらっていました。

これで何が得られるかというと、それまで漠然と見ていたアニメ作品の内容を、構造的に理解し、他者にアウトプットする習慣が身についていきます。

仮に教材が『桃太郎』であれば、見終わったあとにポイントを「大きな桃」「動物の家来」「鬼」などと3つほどあげ、これをもとに2人一組みでお互いに説明し合うわけです。

さらにチームを変えて別の子ともやってみる。これを何回か繰り返していくと、小さな子でも驚くほど上手に説明ができるようになります。

そして、こうしたプロセスを経た上で作文を書いてもらうと、ほとんどの子が説得力のあるわかりやすい文章を書けるようになるということです。

これが習慣化すれば、家でテレビを見ているときはもちろんですし、日常で何かを体験したり、目撃したりしたときも、それを構造化して整理して文章にすることが苦にならなくなります。子どもが新聞記者のように事件を書けてしまうということなのです。

40代の大人世代であれば、流行りのドラマを教材にしてもいいかもしれません。人気のドラマということは、自分が好きか嫌いかは関係なく、ヒットする理由が何かあるはずです。

それを意識してポイントを3つ探し、そのポイントをつなぎながらドラマの魅力をとりあえず書いてみる。読み直してみて「なんか違うな……」と感じるなら、ポイントを拾い出す視点がズレていたのかもしれません。正しい分析は正しいポイントの拾い出しが不可欠です。

ちなみに、桃太郎のお供が「猿・雉・犬」であるのは、十二支の方角でいうと鬼門の北東が「丑《うし》・寅《とら》」で、その反対側が、「申《さる》・酉《とり》・戌《いぬ》」だからです。大人には大人の桃太郎のポイントがあります。

架空の評論家になって書いてみる

あるいは、何か自分の好きなテーマを決めて、それの〝評論家〟になって文章を書き続けてみるという方法もあります。

知り合いの編集者は大学生の頃、架空の映画評論家になってブログを立ち上げ、見た作品を批評する文章を週一くらいのペースでアップしていたと言っていました。最近は「ｎｏｔｅ」という情報発信サービスもありますし、いろいろ活用してみてもいいかと思います。

実際、映画の評論というのは文章力を磨くのに効果的です。まずは、その作品がおもしろいのかそうでないのか、自分が好きか嫌いかといった大枠から入り、内容のポイントがどこにあり、他の作品と違う特殊性がどこにあるのか、つまらない中でも光るところはあったのか、企画の商業的な意図はなんだったのか、監督の狙いはどこにあったのかなどを、的確にわかりやすくまとめる技術が求められます。ときにはユーモアもちょっと混ぜてみる必要があるかもしれません。

なにしろ、架空とはいえ「評論家」として文章をアップするのですから、あまりにピントがズレてわかりにくい文章では、「ほんとに評論家？　見当違いなこと言ってるよ」ということになり、匿名とはいえ恥をかきます。何より自分が楽しくありません。

「ヤバいくらいおもしろい。とにかく観たほうがいい！」では、意図が１ミリも伝わりませんし、そもそもそんなブログは誰も読みません。何がどう「ヤバい」のかを言語化しなければならないのです。

その作品ならではのポイントを最低でも３つくらいあげてみて、その３つを解説するだけでそれなりの感想にはなります。また、ストーリーを正しく分析するには、登場人物の相関関係、それぞれの性格と立場、台詞から想像できる事実、製作された国や地域の文化なども正しく理解する力が求められます。

書いているうちに語彙が不足していることにも気づくようになり、最初のうちは「めちゃめちゃ感動した」で済ませていたところを「胸を打たれた」「心に染みた」「ハートに響いた」というように表現の〝武器〟も徐々に増えていきます。

いうなれば、読書感想文を書くという作業と似ています。物語を正しく読み取り、それを文章にするには理解力と文章力が必要です。映画を「観る」のは本を「読む」よりも脳の作業は楽ですので、文章のトレーニングとしてはより取りかかりやすいといえるでしょう。

おもしろくないブログから学ぶ

ときには、あえて自分の感覚に逆張りをして書いてみるというのもいい練習です。ディベートのトレーニングでも「賛成派」と「反対派」の両方の立場に立って、交互に意見を言い合うというやり方があります。

これは弁護士の視点にも似ています。弁護士は依頼人がいかなる犯罪者であっても、その立場にたって弁護をするのが仕事です。心の中では「こいつはどうしようもないな」と思っていても、法廷でその本音だけを語っていては仕事になりません。情状を酌量すべき要素を無理にでも探し出し、言葉や表現を駆使して判事や裁判員への説得を試みます。

これと同じことを、映画を見てしてみるのです。とてつもなくつまらなく感じた作品でも、それを無理やりおもしろい作品であると解説してみるのです。実際に配給会社はその作品を売るために、様々なキャッチコピーや宣伝文句で煽っているわけです。宣伝の担当者個人が「これは売れないなぁ」と思っていても本音を言うわけにはいきません。

そこで、架空の宣伝担当となって文章を書いてみるわけです。やってみるとわかりますが、好きな作品を褒めるのよりずっと難しいはずです。言ってみれば、社内にいる苦手な人の良いところを無理やり見つけ、他の人に「この人、悪い人じゃないんだよ。こういうところが素敵なんだ」と紹介するような作業です。そういう意味では文章力以上に論理力を高めるトレーニングになるかもしれません。

ブログの最大の利点は、書いた文章を自分以外の不特定多数の人に読んでもらえることです。文章というのは第三者の目に触れることが大切ですし、上達にもつながります。伝わりにくいのであれば何が原因なのか、どこを工夫したら評価が上がるか、それを常に考えて書くことで文章はどんどんうまくなります。

逆に、他の人のブログを読み漁りながら、人気のあるブログは文章のどこがいいのか、逆にそうでないブログは何が悪いのかを、ポイントとしてまとめて整理するというのもいいでしょう。

実際、その編集者氏は「おもしろくないブログ」の特徴を分析し、「冗長でまわりくどい」「結論が遅い」「日本語が正しくない」「調べ方があまい」などを拾い出し、まずはそれをしない文章を書くように心がけたといいます。

賢者は歴史から学ぶといいますが、自分以外の過去の失敗例などを分析して抽出し、自分がそこに陥らないようにするのも上達するにはいい方法です。

いずれにせよ、まずははじめてみることです。この方の場合、ブログをはじめたことで書くネタが必要になり、学生時代に映画を見る回数が急激に増えたと言っていました。これが読書感想のブログやｎｏｔｅであれば、本を読むペースも増えることでしょう。

別のテーマであっても、今まで以上に深堀りする習慣がつくはずです。そこに新たな発見が生まれることで、人生もより豊かになるということです。

話す力、思考する力を身につける

論理性を持っている人は書くことも話すことも上手

文章を書くことに苦手意識が無い人は、まず書く前の作業として、問題を構造化して整理するのが上手だという話をしました。これは別の言い方をすると、論理的な思考が備わっているということで、書くだけでなく話すのも上手なはずです。

先の少子化問題の例でいえば、図にすると「晩婚化」という慢性的な要因があるという前提のもと、その下に〈①経済的な不安定さ〉〈②女性の社会進出〉〈③社会的価値観の変化〉がおおむね並列の関係でぶら下がる構図になります。

このように、プロットを短時間で作れる人は、トピックの関係性を正しく理解し、問題を構造化する論理性を持っている人です。従って、他人に説明するときも簡潔にわかりやすく伝えることができます。頭の中で情報が常にすっきりと整理されていますので、スムーズに情報を、アウトプットをすることができるのです。

一方、多くの人は日常会話でそれほど神経をとがらせてはいないものです。ためしに居酒屋などで仲間が話している会話を録音し、それをそのまま文字に起こしてみたら、文法や単語の選択はかなり乱れた形になっているはずです。

実際、編集者がインタビューをする際も、録音データを文字に起こしてみると、わかりにくい日本語であることがよくあります。そこで、読者が読みやすいように構成し直すという作業が基本的には必要になるわけです。

書くのはなんとかできるけど、話すのは苦手という人もいますし、そもそも「話し言葉」と「書き言葉」は同じではないですが、どちらもスラスラとできるのにこしたことはありません。会社でプレゼンを成功させるには、わかりやすく構成された資料を自身が作り、さらにわかりやすい言葉で、限られた時間で伝えるという両方の作業が必要になります。

以前、あるテレビ番組でMCをしていたとき、いわゆる「番宣」（自分が出演している番組の宣伝タイム）という形でスタジオにやってくるタレントさんが定期的にいらっしゃったのですが、話すのが上手な人とそうでない人、あるいはその中間の人と、プレゼン力は実に様々でした。

もちろん、基本的には用意された〝カンペ〟を読み上げるわけですが、そもそも声に出して音読すること自体が苦手な人もいますし、時間が余ればアドリブで何かをつけ加える必要があります。「えっと、その」と言っている間に時間は終了します。「とにかく見てくださーい！」ではちょっと陳腐です。テレビの時間は秒の勝負ですから、構成が頭の中でうまくできていないとそうなってしまうのです。

情報番組のコメンテーターの方を見ていても、「えっと、その」を間に多く入れたり、会話がもとに戻って堂々巡りになってしまったりと、言葉として整理できていない人もたまに見かけます。

逆に、台本があるわけでもないのに、適切な言葉を正しい文法に乗せて、よどみなく流麗に話す人もおられます。大きなテーマに先に触れ、続いて3つのポイントの①から③を順に述べたうえで、最後に自分の感想や関連するエピソードをトッピングでつけ加えれば、ほぼ完璧でしょう。

一方で論理性に欠ける人は、思いつくまま、だらだらとカオスな話し方ばかりしてしまいます。これが職場であれば「あのプレゼンはいつもわかいにくい」という評価になってしまうわけです。

話が苦手な人は、相手が聞きたいことを先に言わずに、頭の中に浮かんだことから先に話したり、自分が言いたいことだけを多めに話したりする傾向があります。なぜそうなるのか、その根源を探り、そうでない正しいプレゼンを身につける必要があるということです。

子どもに説明できれば話し上手

話すことが上手な人というのは、難しい話を小さな子に説明するのも上手にこなします。

話の内容を正しく構造化し、再整理して語彙を平易なものに置き換え、省くところは省き、わかりにくそうな部分は繰り返したり、強調したりできる人。つまりは、論理的な思考ができる頭のいい人ということです。

言葉の置き換えができるということは語彙力があるということで、なにより問題の本質を深く理解しているため、別の角度から違った表現で説明ができます。

新聞の難しい記事を、そのまま平行移動して難しくしか話さないというのは、実は誰にでもできることです。記事の内容を構造化して再整理し、頭の中で編集することが必要になります。

40代の皆さんが社内で、大人同士で話すのであれば、「仕事ってそういうもんだよ」「それが世の中だからね」という前提で、大概のことは細かく話さなくて済んでしまいます。

ところが小さな子どもは妥協を知らないイノセントな思考ですので、「なんであいさつが大切なの？」と、こちらの目を見て真剣に聞いてきます。その際、「いや、そういうもんなんだよ」では納得させられませんし、自分自身がわかっていないことにも気づくことになります。

あいさつをするということは、突き詰めれば「自分はあなたの味方です」という気持ちを示す行動です。味方に対して人は危害を加えませんし、むしろ仲間となって何かをしたいと考えるでしょう。

「あなた」が何かに挑戦したいと考えたとき、困っているとき、それに気づいて手助けしてくれるかもしれません。こうしてつながりが大きく拡がっていく。

あいさつは人と人のつながりの一番基本なことであり、これを大人の言葉ではコミュニケーションと呼び、会社で働いている大人が一番大事にしていることの一つなんだよ――例えばそんな風に嚙み砕いて説明してみるのも方法かと思います。

もちろん、読者の方の中には「もっとうまく説明できるぞ」という方もおられるでしょう。それぞれの工夫で話を構造化し、再構成したうえでプレゼンをしてみてほしいと思います。

このように、相手によって話し方を変えるというのは、実は普段から皆さんが無意識にしている行為でもあります。

40代の人であれば、相手が30代の部下か60代の上司かで、同じ企画でも伝えるポイントは変わってくるでしょう。また、相手が同じ20代の部下でも、その人たちの性格によって語彙や表現を変えるということはあると思います。

「早急にこれをするべきだね」という表現と「これをしてみたらどうだろうか」では、同じプランの提案であっても受け取る側の印象は大きく変わるはずです。あるいは、「AとBとCの課題のうち、Bについては難易度が高いので、彼には今回はAとCだけ伝えておこう」という場合もあるでしょう。

話を構造化して正しく置き換え、理想的な配列で言語化できる人が「話し上手な人」といえるでしょう。

無駄に長いスピーチはしない

話が苦手な人のさらなる特徴として、「無駄に長い」というものがあります。先のアンケート調査の結果のように、無駄に長い文章が職場の上司をイラつかせているのと同じで、披露宴のスピーチが長すぎると聞いている側はうんざりしてしまいます。

話が長い最大の理由は要約力が無いことにつきます。伝えるべきポイントがわかっていないため、要らない言葉まで混ぜこんでしまい、さらに話す順序も適当でないので、言葉にすると無駄に伸びてしまいます。先述した「ポイント３つ」のやり方が習慣化していればそんなことはないはずなのですが。

そもそもコンパクトに要約できていないのに、それをおかしいと思わずに披露宴でスピーチしてしまうのは、その人に時間感覚が無いということです。「できるだけ手短に話そう」という意識を持たずにスピーチに挑むのは、40歳以降の残りの人生で絶対にしないと固く決意すべきです。講演会でもない限り、長いスピーチが喜ばれる場など世界のどこにもありません。

また、上手な話し方には具体的な類似エピソードをつけ加える「例示」の感覚も必要です。これにより話の中身がぐっと説得力を増すのです。ほんのひと言、時間にして5秒のトッピングでもいいのです。

つまるところ、上手な話し方は「要約力」「時間感覚」「例示力」を意識するところからはじまります。これは披露宴のスピーチのみならず、業務上のプレゼンやキャリア採用の面接など、あらゆる「会話」に通用します。45歳の方がこの3つを常に意識して話す癖をつけるだけで、50歳になる頃にはまったく別の話し方をする人間になっているはずです。

要約力、時間感覚、例示力

この3点を意識しながら話す中で、たとえば「新聞紙面のように話す」という方法もあります。最近はニュースをネットで見るのが主流なので、40代の方にもあまりピンとこないかもしれませんが、新聞の一面は大きな横書きのドーンとした見出しからはじまり、次に縦書きの中くらいの見出し、次に数行のリード、そして本文という流れになっています。その本文もいくつかの段落に分かれています。

新聞というのは原則的に大事なことから先に書いてあります。極論すれば、見出しとリードだけで最低限の事実は伝わるわけです。また、紙面に載せられる文字の数は上限がありますから、記者もできるだけコンパクトに、そして本文をどこで切られてもいいように、最初の段落ほど重要なことを書いています。小説のように「あれは、遠い日のあるできごとからはじまったのです。さて、その話をする前に……」といった回りくどい書き方は絶対にしません。

一番大事なことを最初にズバリと書いてしまい、それを補足する形で次の段落にも情報を記し、エビデンスとなるグラフや表をつけることで理解をしやすくしています。先の「要約力」「時間感覚」「例示力」と重なることがわかると思います。取材した情報をできるだけわかりやすく要約し、文字数をコンパクトに、エビデンスとなるグラフを例示としてつけ加える。話し方もそんなイメージですると自然とうまくなるということです。

話が苦手な人は、相手が聞きたいことを先に言わずに、頭に浮かんだことから先に話したりする傾向があるという話をしましたが、この方法が習慣化していると、そういう過ちはまずしなくなります。

与えられた時間が仮に３分あるとすると、紙面でいえば「一面を全部話せるかな」

となりますし、5秒であれば「うーん、見出しまでか」ということになります。この時間感覚を身につけておくと様々な場で役に立ってくれると思います。

4段階フォーマットで説明上手に

この新聞方式をよりシンプルに、4段階のフォーマットにした話し方についてもご紹介します。基本的な考え方は同じです。

話し方の基本構造を4つの段階に分け、①「まず、ひと言でいうと●●です」（本質の要約）→②「詳しく言えば●●です」（ポイントを3つほど）→③具体的に言うと●●です（例示、エピソード）→④「まとめると●●です」（最終まとめ）――という流れです。

どんな説明でもこのフォーマットに乗せて話すことを習慣化するのです。そして大切なのは時間間隔です。ストップウォッチを片手に持ちながら、「1分で」「30秒で」あるいは「15秒で」話す練習を繰り返してみてください。最初に15秒の感覚が完全に身につけば、30秒はその倍としてイメージすることができるでしょう。

15秒といえば平均的なテレビCMの1本分の尺ですから、そう考えればかなりの情報を伝えることができるはずです。披露宴の席で中身の薄いとっ散らかった話を10分もしている場合ではありません。

フォーマットというのは能や武道の「型」と同じで、そこに落とし込んでルーティン化することで正しい所作を行うことができます。

話し方に関わらず、正しい生活の「型」を40代で習慣として取り入れると、さほど苦労せずして技術は向上していくものなのです。人が朝起きて歯を磨き、散歩をして朝食を……というのもその人がルーティンをフォーマットに落とし込んだ形です。

ピーター・ドラッカーは「ルーティン化は判断力のない未熟な人でも天才を必要とする仕事ができるようになる」という意味の言葉を残しています。

この４段階の基本フォーマットを取り入れて、ストップウォッチで時間感覚を染み込ませるだけで、見違えるほど説明は上達するはずです。

論理と本質の四分割

話し方や考え方の原則を理解するには、「論理性⇅非論理性」と「本質的⇅非本質的」の四分割で考えるとわかりやすいと思います（次ページ図参照）。

話し方と思考の関係性

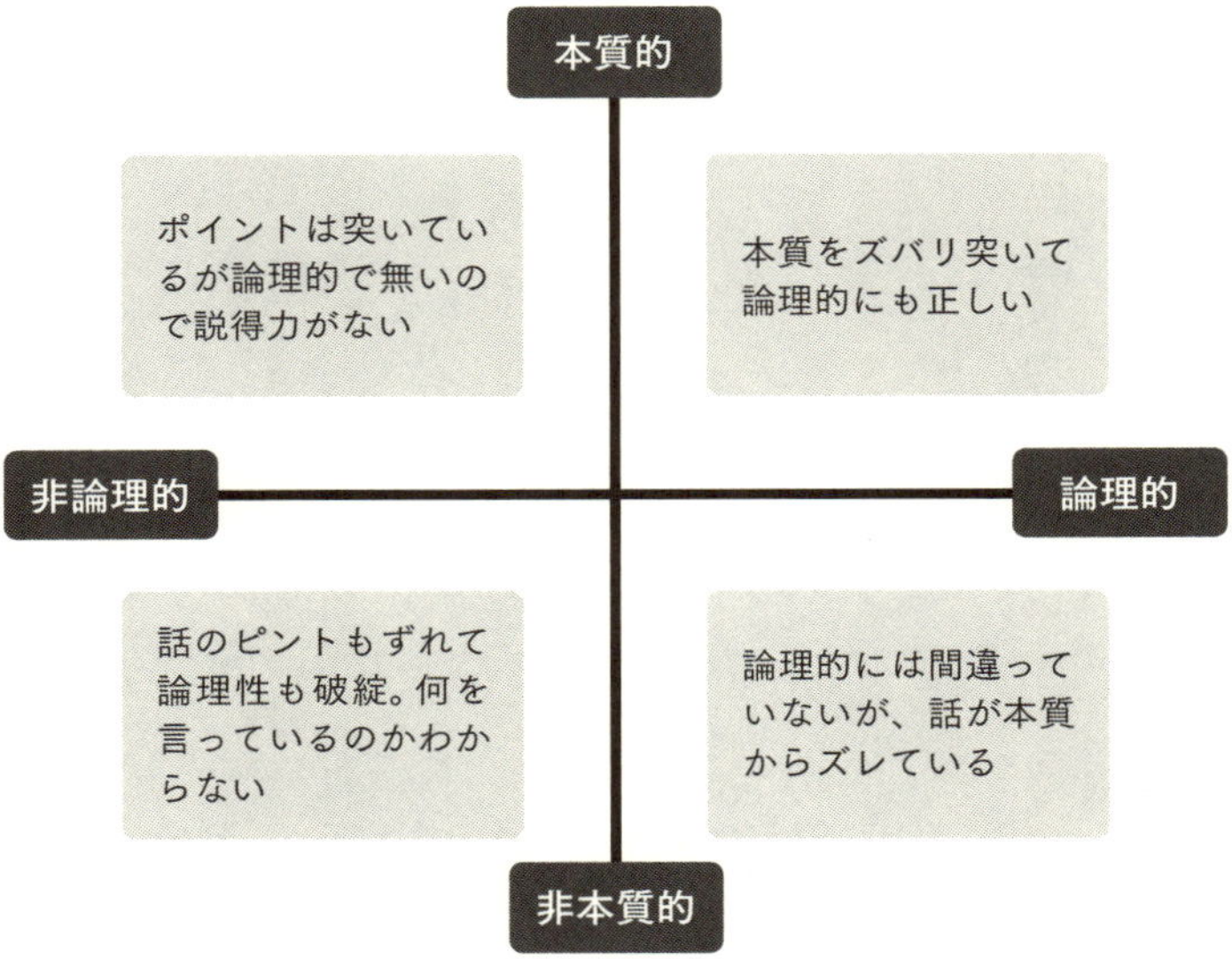

もっとも望ましいのは、論理的かつ本質的であるということ。話が本質を突いているうえに、論理的にも正しいという意見です。図で言えば右上のゾーンということになります。

正反対なのが左下のゾーンで、論理的にもおかしいし、そもそも関係の無い話をしているというパターンです。話すときも書くときも、基本は「論理的で本質的」な話し方を心がけるということになります。

この話し方が飛びぬけてうまかった1人が政治家の田中角栄です。人間臭さと豪快さに溢れた歯に衣着せぬトークが真骨頂でしたが、その内容は実に論理的に構成されていました。芯を食うように本質を突き、根拠となるエビデンスも数字として織り交ぜるため、予備知識が無い一般大衆にも説得力を持って響きます。

そこにテンポよくユーモアも織り交ぜるため、聴衆は「もっと聞きたい」という気持ちになるのです。論理的で本質的な文章や会話は、人の心を気持ちよくするのです。

一方、論理性は無いけれど、本質を突いているという感覚も世の中には必要です。いわゆる芸術家タイプ、天才タイプの中には「あの人は、理屈はめちゃめちゃなんだけど、芯を食ったような鋭いことをよく言うんだよな」という人が多いのです。テレビ局の制作スタッフさんの中にもたまにおられます。

また、受験生が試験で数学的な問題を解く際にも、理論より先に直感が先に閃《ひらめ》き、それに基づいて計算したら合っていた、従ってこの公式で……というように、言わば後づけで立証するようなことも少なからずあるのです。頭の中で起こっていることと論理性とは、必ずしも一致しないということ。比重が論理に傾きすぎると閃きが消えてしまうという考え方もできるのです。

現実社会は理屈や論理だけで動いているわけではありませんので、キラリと輝く感覚も掬《すく》い取っていくことが必要です。それにより楽しいコンテンツが生まれ、文化が育ち、多様性のある豊かな社会になっていくことにもなるからです。

これとは別に、テレビのバラエティ番組などで、芸人さんがわざとズレたことを言い（ボケ）、これが視聴者にドっとウケるというパターンがあります。これは、本質が何かを理解したうえで、意図的に本質的でない言葉を言うことにより、「今はその話はしてないだろ！」という笑いを作り出すという一つの技術です。全体の場の空気を読み取り、会話の流れを正しく把握しながら本質をズラすという構図がそこにあるわけです。

リサーチ会社の楽天インサイトが２０２４年に行った調査によると、「社会人に特に求められていると思うスキルは」との問いに対し、40代男性の63％が「コミュニケーション力」と答えています。

40代の社会人が円滑なコミュニケーションを日々行うには、まずは論理と本質を突いたアウトプットが自然にできるようになることが必要です。

ネットニュースも教材になる

論理と本質について、さらにネットニュースを例に考えてみましょう。私は本も新聞も読みますが、ネットニュースももちろん見ます。さらに言うと、ニュースにぶら下がっているユーザーの書き込みも合わせて読むようにしています。

いわゆる「ヤフコメ」と呼ばれるヤフーニュースのコメント欄は、年々民主的な言論の場になってきていると感じます。

私はニュースとセットで読むのが習慣になっており、それも含めての情報だと考えています。

もちろん、中にはおかしなコメントもありますが、そうでないしっかりしたコメントもたくさんあります。先日も教育現場の問題点を論じたある記事に対し、実際に現場に携わっていると思われる方が、実に鋭い視点で感想を述べられていました。非常に勉強になりましたし、むしろ記者が書いた記事よりも説得力があるとさえ感じました。

そもそも「何がおかしいのか」を判断するのは情報の受け手側の思考力にかかっています。たとえば、知事選のニュースに対して国政批判のコメントが長々と書き込まれていたら、その批判の内容そのものが正しくても、この場とは関係ないということになります。つまりは、本質からはズレているということになります。

あるいは、メジャーリーグの大谷翔平選手の活躍の記事に対し、誤ったスタッツ（打率や打点、OPSなどの統計）を元に得意になって解説しているようなコメントであれば、話のテーマは間違っていないけど、元となるデータの信頼性が低いので論理が破綻している、ということになるわけです。

さらにいえば、本質からも論理性からもかけ離れ、意味不明なわかりにくい文章で長々と書き込まれていることもあります。そういうときはそのコメントに対し、「いったい何の話してるの？」「ちょっと何言ってるのかわからない」といったあきれ気味のコメントが並ぶことになります。

さらに言えば、元となる記事そのものが論理破綻しているというケースもけっこうあります。大谷選手の例でいえば、ある試合で4打席2四球、ヒットは無かったということがあり、これをあるスポーツメディアのニュース記事が「今日の大谷は4打席でノーヒット、2つの四球でいいところがなかったが……」と伝えていたことがありました。

しかし、現代の野球では四球はヒットとほぼ同じという考え方もあり、出塁率は５割ですから立派にチームに貢献しているわけです。そもそもボール球を見極めるのも打者としての技術のうちです。

案の定、この記事に対してはセイバーメトリクス（野球における統計学的な選手の評価・分析手法）などに絡めた批判コメントがズラリと並び、そのどれもが論理的かつ本質的な視点から元の記事を完全論破するものでした。

このように、他者が発した言語のどこが正しく、何が矛盾しているかを構造化して理解することで、批判も賛同も説得力のあるアウトプットとして発信することができます。40代の社会人に求められるのはこの思考力です。

もしあなたが45歳の中間管理職であれば、20代の部下や50代以降の上司の発言に違和感を持つこともあるでしょう。その際、「なんかおかしいな、何がおかしいのかな」で袋小路にはまるのではなく、論理性と本質性の観点から分析を試み、そこから細部に入ってさらに分析していくことで発言内容を構造化することができるはずです。

職場の人間関係でメンタルを病んでしまう管理職が多いという調査結果もあります

が、論理性があればその多くを解決できる可能性もあるのです。「文章が上手だとメンタルにもいい」と先に書きましたが、「論理性が高いと心も乱れない」あるいは「論理が職場の安寧を保つ」という言い方もできるわけです。

第 6 章

40代が持つべき感性

精神文化と身体文化の継承

40代の5割が芸術を鑑賞していない

20代で気づかなかったけれど、40代になって何かに触れた刹那に、それが呼び水となって「あぁ、これなのか」と気づくことが人生にはあります。きっかけとして読書などはその典型の一つですが、音楽や絵画の鑑賞といった芸術の分野でも起こりうるでしょう。

一方で、多くの中年世代は日々の忙しさに追われるあまり、アートに関心を持つ余裕がないという調査結果もあります。文化庁が行った令和4（2022）年度の文化に関する世論調査によると、この1年間に映画やコンサート、歌劇、博物館などの文化的イベントを生で鑑賞したかとの問いに「何も鑑賞していない」と答えた40代が47%だったそうです。サブスク時代とはいえ、娯楽映画の一本すら劇場で見ていない人が半分だということです。これは50代と60代も50%前後でほぼ同じで、10代は21%、20代は36%でした。

しかし、私が思うに40代という時期は心のありかたを求める世代であり、「人生の充実とは何であるか」という命題に気づきやすい時だと思うのです。そこで掴んだ意識というのは、その後の自分にとって精神文化の柱になっていくはずです。今、この年代で目撃する絵画や映画作品が還暦後の自分の感性を作ると思うのです。

渋沢の論語

幕末から明治時代への転換期を生き、近代日本の経済を支えた渋沢栄一は、「論語」を自身の心の柱に据えました。渋沢は33歳（数え34歳）で大蔵省を退官するとき、「論語で一生を貫いてみせる」と宣言したのです。

当時、巨額の負債を抱える政府の予算編成をめぐり、内閣と大蔵省が激しく対立する中、渋沢は大蔵大輔《おおくらだいふ》（現代の副大臣に相当）の井上馨《かおる》とともに明治６（１８７３）年5月に連判で辞職し、自身は実業界へ身を投じることを決意します。

これを知った渋沢の同僚で、後に初代大審院長となる玉乃世履《たまのよふみ》らが、渋沢の退官を惜しんで引き止めにやってきます。

玉乃は、「君ももうすぐ長官や大臣になれる。お互いに官僚として国家のために尽くすべき身ではないか。それなのに卑しむべき金銭に眼がくらみ、官を去って商人になるとは実にあきれる。今まで君をそういう人間だとは思わなかった」と、半ば批判的に説得するのでした。

武士道の精神風土が色濃く残っていたこの当時、商売とは金儲けに走る卑しき生業であり、謹厳実直たる武士が手を出すべきものではない、むしろ清貧の武士をこそ尊ぶべきとの気質がありました。

官職を辞して商人になるとは堕落であるとさえ考える人は少なくなかったのです。

しかし、渋沢はこれに反論します。以下は大正5（1916）年、渋沢が70代のときに発刊された『論語と算盤』からの引用です（『論語と算盤』は正確には渋沢が書いた著作ではなく、渋沢の講演記録を後に構成・編集してまとめられたものです）。

「私の辞したは喧嘩ではない。主旨が違う。私の辞職の原因は、当時のわが国は政治でも教育でも着々改善すべき必要がある。しかしわが日本は、商売が最も振るわぬ。これが振るわねば、日本の国富を増進することができぬ」

「私は論語で一生を貫いてみせる。金銭を取り扱うが何ゆえいやしいか。君のように金銭をいやしむようでは国家は立たぬ。官が高いとか、人爵が高いとかいうことは、そう尊いものでない。人間の勤むべき尊い仕事は到る処にある。官だけが尊いのではないと、いろいろ論語などをひいて弁駁《べんばく》し説きつけたのである。そして私は論語を最も瑕瑾《きず》のないものと思ったから、論語の教訓を標準として、一生商売をやってみようと決心した。それは明治六年の五月のことであった」

渋沢は幼い頃から論語に触れてはいましたが、それを30代からあらためて学び直したのです。

江戸時代における論語というのは、武士階級の基本的な学問でした。

封建制度の維持につとめた江戸幕府は、主従関係を重んじる儒教の教えを推奨しましたので、論語も朱子学の影響を受ける形で、いわば〝江戸流〟にアレンジされて理解されていたのです。商いが武士道と相反し、卑しき行為と考えられた理由もそこにありました。

しかし、渋沢はそうではないと考えたのです。

論語は限られた階層が独占して学ぶ大義名分的なものではなく、市井《しせい》で暮らす庶民の日常に紐づいたものであること、道徳観と経済的な富（つまりは論語と算盤）は決して矛盾するものではなく、むしろ両立することで人も国も豊かになるとして、「道徳経済合一」という理念を提唱しました。

『論語と算盤』には「富をなす根源は何かと言えば、仁義道徳。正しい道理の富でなければ、その富は完全に永続することができぬ」と記されています。

このように、渋沢は精神文化の柱に「論語」を選び、学び、理解し、それが言葉となって現代にまで脈々と受け継がれているわけです。

渋沢が唱えた目指すべき常識人、すなわち「知」（知識）、「情」（情愛や情熱）、「意」（強い意志）を合わせ持った「完《まった》き人」は、現代に生きるすべての世代が目指すべき究極の到達点であると言えます。

動物にも当然ながら心はありますが、それを遺伝子レベルではともかく、文化として次世代へ紡いでいくことは難しい。精神文化とは、コミュニティーで共有される普遍的な秩序や意志であり、これを文化として継承できるのが私たち人間です。

論語は約２５００年前の孔子の考え方を言葉で伝えるものであり、継承した渋沢がさらにまた現代の私たちにそれを伝えているのです。

２０２４年、渋沢が新一万円札の顔になるのも、精神の継承のいい機会です。私は、東京商工会議所（渋沢が初代会頭）での記念講演で渋沢を精神文化として捉えて話をさせてもらいました。

令和に生きる40代の人たちがどんな精神文化を継承すべきなのか、私たち一人ひとりがそれぞれの人生の中で考えていくべき課題であるはずです。

身体文化－腰を据える、肚を決める

この「精神文化」と並び、日本人が継承していかなければならないものに「身体文化」というものがあります。「精神文化」が先述のとおり、いわゆる共同体にある普遍的な秩序や意志であるなら、「身体文化」は武道や呼吸法、礼儀作法などに表れてくるものです。

いわゆる「腰を据える」とか「肚《はら》を決める」といった感覚は、身体の中心に感覚を意識することで芯が通り、俗にいうところの「筋が一本通った人」ということになるわけです。

これらは、日本人が古来、培ってきた生活文化の「型」であり、伝統の結晶です。

「座る」「立つ」「歩く」といった日常の所作は、実は人が生まれ持って備えているあたりまえの感覚ではなく、習慣の積み重ねによって形成されるということ。すなわち、私たちも次の世代へ継承していかねばならないものなのです。

私たちがよく口にする「道徳」や「倫理」とはこの精神文化と身体文化が結実したものであり、精神と身体の文化をしっかりと受け継いでいくことで、日本人の道徳観というものも正しく保たれていくと私は考えています。

精神と身体の文化継承という意味で、私はちょうど40歳になる頃、「能」を専門の方から教えてもらった時期がありました。能は室町時代に完成された舞台歌劇で、観阿弥と世阿弥の父子が当時「猿楽」と言われていた芸能を大成させたものです。

世阿弥は40歳前後の頃、自身で得た能のノウハウを独自の理論書として『風姿花伝《ふうしかでん》』や『花鏡《かきょう》』などに残し、これを現代語訳した書籍が多くの出版社から刊行されています。

「秘すれば花」「離見の見」「動十分心、動七分身」など、今の世に通じる名言や格言を数多く残しています。

わけても『花鏡』に残した「初心忘るべからず」は、人生の中盤以降を生きる40代や50代にとって示唆に富む言葉です。歴史学者の源了圓氏は著書『型』（創文社）の中で、言葉の意味について次のように述べています。

「よく誤解されるように、時々自分の初心の芸位を思い出すということではない。ここでいう『初心』というのは、初心・年盛り・老後にいたるまで、その時期時期にふさわしく身につけた芸、つまり『修行の各段階における初心』のことである。これを忘れないように心がけると、過去の各時間の芸風が自分の現在の芸の中に綜合されて、すべての風体を身につけた芸域の広い演技者となることができる」

40代、50代になっても中高年なりの「初心」をその都度、立ち止まって心に宿らせ、自身の成長に繋げていくことが肝要だと言っているのです。まさに本書に通底するテーマであろうかと思います。

このようなことを、私は学生時代から世阿弥に関する本を読んで知ってはいたのですが、やがて知識として知るだけでなく、精神と身体の支柱とすべく「身心でわかりたい」と思うようになりました。

大事なことは、「知る」と「わかる」は同じではないということです。情報として記憶することと、本当の意味で心で理解し、自分のものとして心に馴染ませることは別のことです。この「わかる」ということの意味については後でも触れたいと思います。

40代で能を学んだ自分

いずれにせよ、40歳を迎えた当時の私は世阿弥の心を身と精神に染み込ませ、「分かりたい」と思ったのです。そこで、知人から紹介していただいた能楽師の先生にお願いし、能の基礎を一対一で教えていただいたのです。

「能をする」とは何かをひと言で表すと、室町時代に完成された「型」の実践です。歌舞伎も「型の芸能」という意味では確かにそうなのですが、歌舞伎は幕末頃までは古典ではなく現代劇であり、当時としては時事的な文化や感性が織り交ぜられたエンターテイメントでした。しかし、能は既に室町時代に型としての洗練度が確立し、これが江戸時代へと継承され、現代にまで引き継がれているのです。

能は声楽である「謡《うたい》」と、謡や囃子で舞う「仕舞《しまい》」などから成り、私はこれを、師匠の後に続いて繰り返す形で練習させて頂きました。すなわち、室町時代に確立された600年前の「型」に、現代の自分の身と心を落とし込むということなのです。

所作の基本は「カマエ」と呼ばれ、腰に力を入れて顎を引いた状態。「ハコビ」と呼ばれる歩き方は、踵を上げずに足の裏が床につき、すり足で移動するのが基本となります。立つだけ、歩くだけでも私たちの日常の身体の使い方とはまったく違うのです。

そのときに師匠から言われたのが「臍下丹田《せいかたんでん》を意識してください」ということでした。臍下丹田とは、臍《へそ》の下三寸（約９㎝）あたりの位置を指し、先述した「腰を据える」とか「肚を決める」というのも、この臍下丹田を意識した状態をいいます。

謡《うたい》では、「息を臍下丹田に当てるように」と指導されました。

息というのは口から出るものですが、意識下でヘソ下にクッと力が入るような心構えで吐き出すということになります。

明治や大正の頃まで日本人は着物を着ていましたので、帯をギュッと締めるたびに意識がここへ届き、自然と肚がすわった状態になったと考えられます。

武士が美しい理由

これはあらゆる武道の修練や精神の統一の際にも通じる概念で、「座る」「立つ」

「歩く」といった日常の所作においても、すべてはこの腰肚《こしはら》の意識が基本なのです。「立つなんて誰だってできる」と多くの人は思いますが、物理的に立つだけならもちろんそうです。

しかし、「型」を継承していた当時の日本人は身体の中心に意識を置き、美しく立つことが自然にできました。

上半身の余分な力みが取れて下半身の力が充実し、脚は肩幅で開いて膝が自然に曲がり、両脚の親指の付け根あたりに体重が均等に乗りながら、気張りが抜けて背筋はすっと伸びた状態です。言わば柔軟な上半身と揺るぎない下半身の二重構造です。

このとき、意識はもちろんへそ下三寸、すなわち臍下丹田にあるわけです。軍隊の「きをつけ！」の姿勢とは本質的に違います。

幕末の頃の武士などが立っている写真を見ると、平均身長は今よりはるかに低いのに堂々たる風格が漂い、ジムで鍛えているわけでもないのにしっかりとした骨格のラインを保ち、一本筋が通った実に美しい立ち姿です。美しく立ち、美しく座れる人の心は静かな湖面のように平らかです。これこそが我が国に脈々と受け継がれてきた身体文化の肝であるということです。

現代社会にキレやすい人が多くなっているのだとしたら、心を平らかに保つこの身体文化がうまく継承されていないことも一因だと私は考えています。

「謡」と「仕舞」という身体文化と精神文化の粋を結実させたものが能楽です。半世紀以上も前に世阿弥が実現させた文化を、現代に生きる私が師匠に教わりながら体現できた……とまではもちろん言いませんが、稚拙ながら「型」としてどこかで重なり合うことができたのではないかと思えるのです。

いずれにせよ、やはり大切なのは、知るだけより実際にやってみること。それにより私たちは自身の心を喜ばせ、人生の幅を広げることができます。そういうことが躊躇なくできる年齢が40歳ではないかと思うのです。

理論や概念はもったいぶって棚に掲げておくだけでなく、日常に取り入れることで本当の意味が生まれます。

渋沢が論語を日々の生活と結び付け、実践的な学問と捉えたのと同じように、伝統的な芸能の概念も暮らしの中で実践し、日常の心の在り方に落とし込んでいくことで、私たちの毎日は豊かになると思うのです。

禅で自己の内面と出会う

身体文化における呼吸についても、ここでもう少し触れておきましょう。人が孤独でいる時間を楽しめるということは、「体と心をセットにして落ちつかせる一人の時間」ということになります。

これは「禅」の精神に深く通じるところなのです。禅とは仏教の考えを会得するための実践的な方法のことで、多くの外国人は日本の象徴として捉えていますが、最初に生まれたのはインドです。

それが中国に渡り、鎌倉時代に栄西や道元が日本へと伝え、臨済宗や曹洞宗などの礎を築いたとされています。禅の精神がその後の武道を創り、武道から武士道精神が生まれたとも言われています。千家茶道の祖である千利休も禅の影響を強く受けた一人でした。

禅というものに馴染みがないという方、予備知識がほとんど無い方でも、40歳という人生の折り返しの時期に手をつけてみるのは、タイミングとしてはとてもいいことだと私は思います。

インターネットで検索してみるとわかりますが、どこの禅寺でも「禅体験」や「修行体験」といった形で誰でも参加できる態勢が整っています。中には精進料理もセットになった一泊二日コースといったものもあるようです。

なにも滝に打たれて荒行をこなせと言っているのではなく、そもそも禅はそういうものではありません。形から入ってみるのも一つの「型」です。最近では外国人旅行者の増加でインバウンド向け体験プログラムも人気のようです。せっかく日本人に生まれてこの国にいるのですから、新たな楽しみとして40代の節目にはじめてみることをお勧めします。

禅からは人生に必要な多くを学べます。お寺から戻ったらやめてしまうのではなく、自宅で自分なりに試して続けていけば、精神文化の柱となって50代、60代の自分を作っていってくれるはずです。

「身」を整えて、「心」を整える

禅とは、仏陀が説いた教えを文字で理解するのではなく、実際に体験して身体で理解しようという考えが基本です。その「体験」の一つが座禅を組むということです。

私たちは普段、立ったり歩いたり、友人と話したりご飯を食べたりと動きながら雑念の中で暮らしているわけですが、禅はただ座って呼吸をすること以外は何もしません。何もしないことで心の内側と向き合い、内省を深めて雑念を捨てていきます。

これを続けると、やがて不安や憂い、後悔といった心のしがらみが無くなり、「身《しん》心脱落《しんだつらく》」の状態になるとされています。これについて曹洞宗の開祖である道元は、『正法眼蔵《しょうぼうげんぞう》』に次のような言葉を残しています。

仏道をならふといふは、自己をならふなり
自己をならふといふは、自己をわするるなり
自己をわするるといふは、万法《ばんぽう》に証《しょう》せられるるなり
万法に証せらるるといふは、自己の身心《じんしん》および
他己の身心をして脱落せしむるなり

人は誰でも仏性というものを持っている。だからそれを見つければいいだけである、仏陀の説いたことを学ぶのではなく、自分を習うということ、それは自分を探求するということではなく、自分を落として忘れることである――。道元はそう説いていま

す。

ここでいう「万法に証せられる」とは、世界全体の中に自己が溶け込んでいる状態で、座り続けるうちに自他の境目がなくなるということです。

座り続けて自己に向き合ううちに、座っていることさえも忘れて、ただ息を吸い、息を吐く。心を落としていきながら、「今」この瞬間に生きていることに気づき、そこに集中する。日常で縛られている理論や理屈から解き放たれ、悟りの原点に戻ろうというのが禅の心です。禅の真髄とは「気づき」にあるという人もいます。

禅には「調身《ちょうしん》」（身を調える）、「調息《ちょうそく》」（呼吸を調える）、「調心《ちょうしん》」（心を調える）の３つの基本があります。

まずは「身」をととのえ、「呼吸」をととのえ、その上で「心」をととのえます。一般に「心身の健康」などと言うとき、文字の並びは「心」が先にきて「身」が後にきますが、本来は「身」が先で「心」がそれに続くという考え方があります。

順番的には身体を整えることで心を整えるということ。身近なわかりやすい例で言えば、サウナでは暑さと冷たさで「体」を良くし、これにより気持ちよくなり「心」を楽にします。

仏教学者の玉城康四郎氏は、『日本の名著7／道元』（中央公論社）の中で、「普通にいえば、身体より精神の方が、より根底的であり、重要であるように考えられているが、道元ではむしろ逆で、その名称も身心学道として、身を心より初めに呼称しており（略）心よりはむしろ身の重要なことを示している」と指摘しています。

AIから分かる身心学道

ちなみに、この「身体」と「心」の関係性については、AI（人工知能）の研究でも同じような答えが導き出されていると知り、これが私には非常に興味深い事実でした。

先日、たまたま見たNHKのドキュメンタリー番組で、AIがこれから技術的に進化していくには、AIが「身体感覚」を獲得する必要があるということが指摘されていました。

一般的なイメージでは、とにかく大量の計算資源を積み増すことで頭を良くし、それがAIの進化になると考えがちですが、実際は「頭」より先に「身体」の自覚が必要だというのです。

たとえば、番組ではＡＩを搭載したロボットにボールをドリブルさせる実験をしていたのですが、人間ができるこの行為をロボットはうまくできません。その理由は、人間は身体感覚を持っているが、ＡＩは持っていないからだそうです。

人間は自分の体を認知し、その上で自分とボールとの関係性を理解しながらボールを蹴りますが、ＡＩは「自分」をわかっていないため、ボールとの関係性もわかっていないということでした。

チャットＧＰＴに「イチゴの味は？」と聞けば、「甘くて酸っぱく、爽やかでフルーティーな香りが特徴です。果肉はジューシーで……」と瞬時に答えが返ってきますが、ＡＩはイチゴを実際に食べた経験がなく、食べたいと考えることもなく、食べてお腹をこわしたこともありません。

結局は、身体感覚を持っていないＡＩは、自分とイチゴとの関係性をわかっていないため、イチゴを好きとも嫌いとも考えませんし、「好きだけど、でも今日は食べたくないな」といったトリッキーな思考も絶対にしないわけです。

こうした領域が解決されないと、ＳＦ映画に出てくるロボットのように、ＡＩが自分自身の言語で人間と話すことはできないのだとその専門家は指摘していたのです。

もちろん、今後はどのように技術革新が進むのかはわかりませんが、現状はそういうことなのだそうです。

ＡＩは身体感覚を獲得しないとオリジナルな思考を得られないということ、「身体」があってこそ「心」があるということ。これが、道元禅師が説くところの「身心学道」に通じるような気がして、私はとても興味深いと感じたわけなのです。

素読で感じる身体文化

心を落ち着かせる呼吸法を身につける

話を禅と呼吸に戻したいと思います。私たちが日常で「息をする」という言葉を使うとき、ただ生理的に吸ったり吐いたりをイメージしますが、実はこの「息」こそが身体文化の一つです。ひと言でいえば、大きく吸って、大きく吐き、これにより自律神経をコントロールして気持ちを落ちつかせるのです。

たとえば、３歳や４歳の小さな子どもは、概して口をぽかんとあけている時間が多かったりします。これは正しい呼吸の方法をわかっていないからです。さすがに40歳になって口を開けている人はいないと思いますが、呼吸法を知らずに浅い呼吸しかできていない大人は世の中にたくさんいます。

呼吸力について考えると、それだけで一冊の本ができてしまうのですが、あえて単純化してまとめると、ポイントは以下の２つです。まずは「息を深く長くする」こと。具体的には鼻で３秒吸って肺を大きく膨らませ、２秒溜め、そして15秒かけて口からゆっくりと吐いていく。苦しければ10秒でもけっこうです。

秒数は各自で調整してもいいでしょう。要はゆっくり吸い、少し止め、吸った時間より長くゆっくり、口をすぼめて吐くということ。吸いきって、吐ききる。吸うことだけを意識するのではなく、むしろ吐くことが大切だといいます。これを繰り返すだけでまず「身体」が覚醒し、続いて「心」が落ち着いていくのを実感できると思います。

このように、呼吸を技や習慣として正しく会得していると、気持ちが動揺して起きる日常の乱れに自然と気づくことができ、小まめにセルフチェックして心を平常に保つことができるようになります。勤務先でプレゼン前に汗が止まらなかったり、なぜかわからないが気持ちが落ちつかなかったりしたようなとき、呼吸を意識的に行うことで集中力が高まり、身と心がともにリラックスできるのです。

もともと私も、学生の頃にテニスをしていたときに、試合で気持ちをうまくコントロールできる方法はないかと模索していた中、この「息」の文化の存在を知ったのでした。それからは関連本を読んだり、自分なりに試行錯誤を繰り返したりしながら呼吸法を学び、60歳を過ぎた今も続けているということなのです。

ヨガの草分け的存在である思想家の沖正弘氏は、「呼吸は命の言葉。呼吸を変えれば、気分も変わる」と言っていますが、まさにそのとおりです。私も20歳の頃、沖氏のお弟子さんにあたる方の教室へ通ってヨガを教わったことがあり、書物で得た呼吸の知識をあらためてそこで体感することができました。

人は呼吸を変えるだけで体の緊張をほぐし、精神状態を平らかにすることができるということ、これこそが日本古来の身体文化であり、継承していくべきものであるということなのです。

座禅を組み呼吸をし、自己を見つめて気持ちを平らかにする。生活に取り入れるのに1円も経費かからない習慣です。人生で一番あぶらが乗り切っている働き盛りの40代だからこそ、今日から生活に取り入れてみてください。決して大げさでなく、これからの50代、60代の人生が大きく変わっていくはずです。

声を出して読むのも身体文化

身体文化の継承という点で、能や禅よりもある意味で簡単に、40代の皆さんが今すぐはじめられるのが、本を声に出して読む素読（音読）です。

私が２００１年に『声に出して読みたい日本語』（草思社）を書いたのは、身体と心を鍛える方法として継承されてきた伝統的な暗誦文化を、多くの日本人に知ってもらい、実践してほしかったからです。

一般に、教育熱心な親御さんほど、お子さんに絵画を鑑賞させたり、クラシックの名曲を聴かせたりして、心を豊かに育てます。

音楽や絵画を心に刷り込ませるように、言葉は声に出して朗々と読むことで身体に染み込ませることができます。

名文を大人が知らないというのは、世代として受け継いでこなかったということです。これは日本人の将来を考えたときに危機的なことだと私は考えています。

私の専門は教育学ですが、実は学校教育の現場でもこの現象は顕著に起きています。

おそらく、現在40歳前後の人が小学生の頃は、国語の授業で先生から「●●君、42ページから読んでください」と言われて声に出して読み、ある程度まで来たら「はい、そこまで。次は○○さん」といった具合に、授業の中で音読が日常の光景として繰り返されていたと思います。

ところが、近年の小学校の国語の授業では、詩を音読したり暗唱したりすることよりも、意味の解釈により多くの時間が割かれがちです。しかし、国語はクイズではありません。名文は声に出して読んでこそ心を魅了するのであり、論理で深堀りするだけでは魅力が伝わりません。

ギターの演奏を覚えるなら、下手でもいいからまずは弾いてみること。弦を弾いて腕や体全体でギターの存在を感じることです。先にギターの歴史や楽曲の意味を理屈で覚えるのでは本末転倒です。

名文は読んで体に染み込ませる

たとえば、以下は詩人の三好達治が残した『土』という四行詩で、学校の教育現場で研究教材として活用されることもある作品です。

蟻が
蝶の羽をひいて行く
ああ
ヨットのやうだ

シンプルで短く、しかし力のある言葉の並びです。ここからどれだけの意味を読み取れるかを授業で学ぶのですが、これとて、声に出して読んで体に響かせたうえで、その次に意味を考えることが必要だと思っています。

名文は、意味より先にまず声に出して読み、その繰り返しで身体に染み込ませていくことが大切なのです。これが素読《そどく》という身体文化です。

「蟻」や「蝶」といった印象的な単語、「ああ、ヨットのようだ」という情緒に響くフレーズは、丸ごと覚えて繰り返し暗唱してこそ心に残ります。

仮に「ここでいうヨットは、蝶の羽のことだと思います」「はい、正解です。では色は？」「おそらく白だと思います。なぜならヨットの帆は……」と論理的に意味を解釈できていても、暗誦して心に馴染んでいなければ、三好が残した詩の力は半減してしまうのです。

もちろん、文章を読んで意味を理解する論理力のトレーニングは重要ですし、教育のカリキュラムには不可欠です。しかし、そこだけに偏ってはいけないということ。極論すれば、詩や物語を声に出して読んで、「なんだか気持ちがいい」「楽しくなってきた」と子どもが思えれば、それでいいとさえ思っています。

意味については、その後の人生で彼ら、彼女らがいつか気づく瞬間がきっとあるでしょう。その瞬間や刹那はきっとやってきます。そのための「種蒔き」が、子どものときから徹底して暗唱させてあげるということです。

短期で小さな成長を求めるのでなく、社会全体がゆったりと構えて大きな成長を受け止め、理論よりも身体で文章を楽しめることを教えてあげるべきだと思うのです。

音読の良さについて、主にお子さんとの関係性を軸に述べさせていただきましたが、当然ながら40代や50代の大人にとっても様々な効能が期待できます。むしろ大人世代にこそ身につけてほしい習慣でもあります。

そもそも声に出すという行為は、カラオケと同じでシンプルに気持ちよく楽しいわけですが、実は医学的にも音読の素晴らしさは説明できるのです。

先述した脳科学研究の第一人者で認知症治療の専門家でもある川島隆太教授によれば、声に出して本を読んでいる人の脳の状態は、様々な部位で神経細胞が活性して働き、血流の増加が見られることがわかったそうです。黙読よりも音読のほうが、活性化が強くなるというのです。

一方、ストレス社会といわれる現代では、心の問題を抱える方が多く、躁うつ病などの「気分障害患者」の数は、１９９０年代の約40万人から現在は１００万人を突破しています（厚労省の調査より）。人は心にストレスを抱えると、不安や恐怖の感情の中枢である扁桃体《へんとうたい》が反応し、心がそわそわして落ちつかなくなったり、食欲が減退したりとネガティブな症状を様々な形で引き起こします。

音読は心の病にも効果的

偏桃体は脳の進化の過程では古くからある部位で、原始的な哺乳類の時代から備わっていたとされています。

この原始的な扁桃体の興奮状態を抑えるには、脳の「前頭前野」を活性化させることが効果的とされており、これに音読が直接的な効果をもたらすことが、いくつもの実験であきらかになりつつあるというのです。

前頭前野とは、他者とのコミュニケーションや創造性、理性、知性、挑戦など、人を人たらしめる高次な機能を司る重要な部位です。人間以外の動物にもあるにはありますが、人間はこの部位が比較にならないほど進化しているのです。

この進化した新しい脳が、原始的な古い脳をコントロールし、心の不安をとりのぞくことができるというわけです。

前頭前野の機能が低下すると、他者とのコミュニケーションが希薄になり、創造性を働かせようという意欲も減退するほか、セクハラなどの非倫理的な行為も抑制できなくなります。

川島先生の研究チームでは、福岡県の老人介護施設と連携し、70代後半から90代後半までの約40人に、音読や計算などの練習をしてもらうという試みをしています。

3か月後の検査では、認知症テストの点数が向上したり、親族や施設職員とのコミュニケーションがあきらかに改善されるなど、全体の7割で機能の向上が確認されたといいます。

こうしたデータや学説は、川島先生の著書『本を読むだけで脳は若返る』（ＰＨＰ新書）や『現代人のための脳鍛錬』（文芸春秋）などにも詳しく書かれていますので、関心のある方はぜひ手に取ってみてください。

音読を続けることで前頭前野が活性化され、認知機能や躁鬱に効果があるという事実は、これから高齢世代に向かっていく40代にとっては、きわめて重要な事実です。お子さんの情操教育にいいというだけでなく、全世代の心の健康に役に立つということです。

音読の合理的なメリットについてもう一つあげれば、文章を記憶するには声に出して読むほうが効果があると専門家も指摘しています。

神経内科医で生理学研究所教授の柿木隆介先生によると、ただ黙って読むより声に出して読むほうが、脳の活動範囲が大きく変わるために、長期記憶として定着しやすいと考えられるそうです。

まず、本を見ながら音読すると、目で見ることで視覚野が働き、自分の声が聞こえることで聴覚野も働き、口を動かすことで運動野、さらには言語野など多くの部位が活動し、脳に強い印象を与えるといいます。

トロイの遺跡を発見したことで知られるドイツの考古学者、ハインリヒ・シュリーマンは18か国語を話したと言われていますが、彼の外国語取得方法は、とにかく音読することだったと言われています。

柿木先生は、シュリーマンの伝説にある程度の誇張があった可能性や、そもそも彼が一般レベルを凌駕する優秀な頭脳を持っていた可能性も指摘しつつ、基本的には声を出して読むことが外国語取得をはじめとした長期記憶の定着に有効であるとの見方を示しています。

「わかる」という意味

「音読」をすることの意味について、脳科学からわかる合理的なメリットの話に少し振れてしまいましたが、先に述べたように、私がもともと音読（素読）の普及に力を入れたのは、古来の身体文化の継承という思いでした。

文字を声に出して読み、心に染み込ませ、記憶として「知る」と同時に教養として「わかる」ためということです。

「知る」と「わかる」の違いについては、こんな話があります。以前、日本の文化に詳しいある外国の方から伺ったのですが、その方はまだ日本に来たことがなかった10代の頃から自国で日本についての情報を集めていたそうなのですが、やがて『古事記』の英訳本などを読むうちに、「日本には古より『八百万の神』という考え方がある」と知ったのだそうです。

「神」といえば唯一神しか考えたことがなかった彼にとって、木や石や川など森羅万象に神が宿るという考えは、共感できるかどうかより、「意味がわからなかった」のだそうです。

その後、彼も念願の来日をはたし、いくつもの自然林を何日もかけて歩いているうちに、風になびく木々の音や、樹齢百年はあろうかという大樹の佇みなどを眺めるうち、「なるほど、昔の日本人はきっとこんな気持ちで、ここに神の存在を覚えたのかもしれない」としみじみと感じたのだそうです。

これはきっと、その方が八百万の神の概念を「情報として知る」から「少しわかった」に変化した記念すべきモメントだったのではないでしょうか。人生にはこうした「わかる」瞬間や刹那がしばしば訪れるものなのです。

「知る」から「わかる」で人は何が変わるかというと、心が豊かになることはもちろんですが、他人へ説明するときに急激に説得力が増すということがあります。それまでは自分もよくわかっていないため、「なんか、日本の文化ってそうらしいよ」としか言えないのですが、自分なりに心に落とし込めているため、語彙や表現を駆使して様々な角度から話せるようになってきます。

理解の度合いが点から線、さらに面や立体へ深まり、教養の域にまで達しているため、アウトプットの形も飛躍して厚みが増すのです。

上っ面の言葉だけで薄い話しかできない人と、深みのある言葉で人を説得できる人の違いとはまさにここであり、目指すべき40代であるということが言えるのです。

「気づき」と違和感

生きていると「わかる」「気づく」という刹那がしばしば訪れるという話をしました。では、私たちはどうしたらその瞬間を呼び寄せることができるのでしょうか。

残念ながら、こうした感覚を、タイマーをセットするようにして、たとえば45歳の人が「5年後の50歳の自分に気づかせよう」などと都合よく予定化することはできません。

先述のとおり、禅の本質は「気づき」であるといいますので、座禅を組みながらひたすら自己と向き合うことで気づきと出会えるかもしれませんが、できないかもしれません。

「気づき」はいつ訪れるかわかりませんし、一生やってこないかもしれません。むしろそちらのほうが多いはずです。一つ確かなことは、「違和感」を持ち続けるということです。

解剖学者の養老孟司さんは、精神科医の名越康文さんとの共著『「他人」の壁』の中で次のように述べています。

「（略）結局、『気づき』の裏って違和感だと思うんですよ」「（略）僕自身も若い頃から絶えずやってきたことで、自分の頭の中で『これ変じゃねえか』という違和感を持つということですよね。だって、変だと思ったら、それは自分が変なのか、相手が変なのか、どちらかだから」

「疑問があれば捨てずに抱え込んで生きていくと、10年くらいして『あ！』と思うときがある。往々にしてね。理由はわからない。何かがあるんだろうけど」

違和感を持ち続けることの大切さについて、養老さんはさらにこうも続けます。

「しかも、これけっこう、心に負担なんですよ。違和感を抱えながら生きるって、ストレスになるの。だから、この違和感を打ち消す便利な言葉が、日本語にはあるじゃないですか。『そういうもんだ』という。そういうもんだと思った瞬間に、思考は止まるんです」

これは示唆に富んだ話で、私も大学で教員志望の学生に「なんで子どもをこういう状況におくべきだと思うの」と聞くと「……いや、そういうもんかと思ってました」という答えが返ってくることがあります。そこに違和感を覚えてほしいのです。

生きていると「なんか変だな」「なんでなんだろう」というモヤモヤした気持ちが浮かんでくることがあると思いますが、そのモヤモヤを忘れずに心のどこかに仕舞っておき、ときどき思い起こしながら「やっぱり変だな」と考え続けるのです。

違和感とは精神のセンサーのようなもので、視覚や聴覚などとは別次元の感覚で

「おや」「あれ」と〝何か〟を感知します。

視覚や聴覚、あるいは理論に思考が偏り過ぎると、違和感センサーが劣化して「気づき」から遠ざかってしまうのです。

「なんでだろうか」を抱えて生きていく

以前、防災の専門家の方から伺った実際にあった話なのですが、あるオフィスビルでボヤ火事が発生し、ベルがけたたましく鳴り響いたにも関わらず、従業員が互いに横目で見ながら「誰も逃げてないな」「じゃ、訓練かな」「大丈夫そうだ」と勝手に判断し、煙が回りはじめるまで誰も逃げなかったのだそうです。

感覚を無視して情報に依存し過ぎると、そういうことが現実に起こりうるのです。剣豪小説などでは侍や忍者が「殺気！」と叫んで気配を察知する場面がよくありますが、そこまでいかずとも、ベルが鳴ったのなら「火事か？　確認しよう」と動かなければなりません。

いわゆる「オレオレ詐欺」と呼ばれていた特殊詐欺事件では、被害者の大半が高齢者だといわれますが、実際には40代も多くが被害にあっています。

むしろ、著名人を使った偽の投資話でだます「SNS型投資詐欺」については、40代から50代のビジネスパーソン層が被害者の大半を占めているのだそうです。中には1億円を超える40代男性の被害も報告されています。

そういう被害者たちから事件後によく聞くのが「最初は変だと思ったんだけど、そういうもんかなと思った」という声です。

これは最初に浮かんだ違和感を、知識や経験で得た情報が打ち消して、思考をストップさせてしまっている状態です。この最初の「あれ？」という感覚が実は一番大切です。違和感センサーの精度こそがその人の精神の真骨頂であるとさえ言えるのです。

人は違和感をスルーして放置せずに、心の握力でしっかりと掴んでいると、ある日突然「これか！」と気づく瞬間がやってきたりします。あるいは、そこまではっきりとしていなくても、「もしかしたら、これのことかな……」というぼんやりとした感覚も「気づき」の一つです。

「変だな」と感じながら「まぁ、いいか」「そういうもんだ」で済ませてしまうのは、考えることを止めることです。それでは人は一生気づくことができませんし、先ほどの火事や詐欺のように思わぬ災いにも巻き込まれます。

リスクに気づいてそれを回避するのも、豊かなアイデアを心の中から生み出すのも、気づきや違和感からだということがいえるのです。

40代の皆さんがこれからどのような自分になりたいのか、心と向き合い続けて一つひとつ気づいていくことで、より豊かな人生を創っていけるのだと思います。

おわりに

人が抱える悩みは年代によって変わっていくものです。厚労省の国民生活基礎調査をもとに年代ごとの心理を分析してみると、10代と20代の悩みの中心は「学業と仕事」に関するものが多く、30代と40代は主に「仕事と家族」となり、50代と60代は「仕事と介護など」、70代と80代は「自身の健康や介護、終活など」となっているようです。人生の課題やモチベーションは、時の流れとともに移り変わるということです。

20代のときに「自分はなんだってできる！」という熱い思いで突っ走れた人は、おそらく30代でもその余韻を燃料として前へ進むことができたでしょう。

しかし、40代となると仕事もプライベートも一回りを経験し、世の中の原理原則や社会の仕組みも見えてくる中で、自分に「できること」と「できないこと」、「向いていること」と「向いていないこと」を感じとり、その選別作業を行いながら日々を過ごしている人も少なくないはずです。

おわりに

そんな重大な転換点である40代だからこそ、本書の中から生きるヒントを一つでも多く拾い上げ、これからの大切な時間に役立ててほしいと思うのです。

折しも、この原稿を書いている２０２４年７月、北米ではＭＬＢ《メジャーリーグ》のオールスター戦が行われようとしています。野球というのは１試合が９イニングですので、これを90歳の人生に例えれば40代は４イニング目ということになります。

ちょうど打者が一巡し、二回り目を迎えることが多いのが４回です。一巡目に相手の先発投手に抑え込まれて沈黙していた打線が、二巡目に急に打ちはじめて試合に勝ってしまうということはよくあります。なぜ打てたのか。それは、一巡目で得た情報と経験をチーム内で共有し、選手たちが次の打席に活かすことができたからです。この「二巡目の打線」という節目にいるのが、現在40代の皆さんであるということです。

50代や60代になっても若さと知性を兼ね備えた自分であり続けること、むしろ今以上に輝いている還暦を迎えられるかどうかは、これからの日々をどう過ごすかにかかっています。常に自分自身と向き合いながら、精神の柱となるものを一つでも多く見つけ、充実した人生を送っていただくことを心より願っています。

齋藤 孝

参考文献

齋藤孝『身体感覚を取り戻す 腰・ハラ文化の再生』NHK出版、齋藤孝『齋藤孝の知の整理力』かんき出版、齋藤孝『読書力』岩波書店、齋藤孝『声に出して読みたい禅の言葉』草思社、齋藤孝『文脈力こそが知性である』角川書店、斎藤孝『1話1分の脳トレ 齋藤孝の音読de名著』宝島社、齋藤孝『読書する人だけがたどり着ける場所』SBクリエイティブ、齋藤孝『声に出して読みたい日本語』草思社、齋藤孝『頭の良さとは説明力だ』詩想社、齋藤孝『原稿用紙10枚を書く力』大和書房、齋藤孝『論理的な話し方の極意』宝島社、齋藤孝『上手にほめる技術』角川書店、齋藤孝『図解 葉隠――勤め人としての心意気』ウェッジ、齋藤孝『図解 歎異抄』ウェッジ、齋藤孝『齋藤孝の仏教入門』日本経済新聞社、渋沢栄一・守屋淳『現代語訳 論語と算盤』筑摩書房、石川達三『四十八歳の抵抗』新潮社、司馬遼太郎『世に棲む日日』文芸春秋、夏目漱石『こころ』新潮社、勝海舟・江藤淳・松浦玲『氷川清話』講談社、

参考文献

パスカル・塩川徹也『パンセ』岩波書店、玉城康四郎『日本の名著7道元』中央公論新社、養老孟司・名越康文『「他人」の壁』SBクリエイティブ、川島隆太・齋藤孝『素読のすすめ』致知出版社、川島隆太『現代人のための脳鍛錬』文春新書、川島隆太『「音読」すれば頭がよくなる』たちばな出版、宮崎駿『折り返し点』岩波書店、源了圓『型』創文社出版販売、貝原益軒・伊藤友信『養生訓』講談社、PHP総合研究所『松下幸之助「一日一話」』PHP研究所、柿木隆介『記憶力の脳科学』大和書房、國分功一郎『暇と退屈の倫理学』新潮社、齋藤孝『10歳のミッション キミを一生ささえる31の行動』幻冬舎

著者プロフィール

齋藤 孝（さいとう・たかし）

1960年静岡県生まれ。明治大学文学部教授。東京大学法学部卒。同大学院教育学研究科博士課程を経て現職。『身体感覚を取り戻す』（NHK出版）で新潮学芸賞受賞。『声に出して読みたい日本語』（毎日出版文化賞特別賞受賞、2002年新語・流行語大賞ベスト10、草思社）がシリーズ累計260万部のベストセラーになり日本語ブームをつくった。著書に『読書力』『コミュニケーション力』『古典力』（以上岩波新書）、『理想の国語教科書』（文藝春秋）、『質問力』『現代語訳 学問のすすめ』（以上筑摩書房）、『雑談力が上がる話し方』（ダイヤモンド社）、『齋藤孝の学び力』『勉強ギライが治る本』（以上宝島社）など多数。情報番組にも多数出演。

40代から人生が好転する人、40代から人生が暗転する人

2024年9月2日　第1刷発行

著　者　　　齋藤 孝
発行人　　　関川 誠
発行所　　　株式会社宝島社
〒102－8388　東京都千代田区一番町25番地
営業：03－3234－4621
編集：03－3239－0928
https://tkj.jp
印刷・製本　中央精版印刷株式会社

Printed in Japan
ISBN 978-4-299-05717-4